中学歴史

実力アップ問題集

文英堂編集部 編

SOCIAL STUDIES

EXERCISE BOOK

JN081140

文英堂

この本の特長

実力アップが実感できる問題集です。

1 初めの「重要ポイント／ポイント一問一答」で，定期テストの要点が一目でわかる！

2 「3つのステップにわかれた練習問題」を順に解くだけの段階学習で，確実にレベルアップ！

3 苦手を克服できる別冊「解答と解説」。問題を解くためのポイントを掲載した，わかりやすい解説！

標準問題

定期テストで「80点」を目指すために解いておきたい問題です。

差がつく 解くことで，高得点をねらう力がつく問題。

カンペキに仕上げる！

実力アップ問題

定期テストに出題される可能性が高い問題を，実際のテスト形式で載せています。

基礎問題

定期テストで「60点」をとるために解いておきたい，基本的な問題です。

重要 みんながほとんど正解する，落とすことのできない問題。

ミス注意 よく出題される，みんなが間違えやすい問題。

基本事項を確実におさえる！

重要ポイント／ポイント一問一答

重要ポイント 各単元の重要事項を1ページに整理しています。定期テスト直前のチェックにも最適です。

ポイント 一問一答 重要ポイントの内容を覚えられたか，チェックしましょう。

もくじ

1章 原始・古代の世界と日本

- ● 歴史の流れ ……………… 4
- 1 文明のおこりと日本 ……… 8
- 2 古代国家の成立と東アジア ……… 14
- ⬆ 実力アップ問題 ……… 20

2章 中世の日本

- 3 武家政治の成立と展開 …… 24
- 4 室町幕府の政治と東アジアとの交流 ……… 30
- ⬆ 実力アップ問題 ……… 36

3章 近世の日本

- 5 世界の拡大と全国統一 …… 40
- 6 幕藩体制と鎖国 ……… 46
- 7 産業の発達と幕府政治の変化 ……… 52
- ⬆ 実力アップ問題 ……… 58

4章 近代の日本と世界

- 8 欧米の進出と日本の開国 ……… 62
- 9 明治維新と文明開化 ……… 68
- 10 近代国家への歩み ……… 74
- 11 日清・日露戦争と近代産業 ……… 80
- ⬆ 実力アップ問題 ……… 86

5章 2度の世界大戦と日本

- 12 第一次世界大戦と日本 …… 90
- 13 世界恐慌と日本の中国侵略 ……… 96
- 14 第二次世界大戦とアジア ……… 102
- ⬆ 実力アップ問題 ……… 108

6章 現代の日本と世界

- 15 戦後復興と国際社会 …… 112
- 16 今日の世界と日本 ……… 118
- ⬆ 実力アップ問題 ……… 124

📖 別冊 解答・解説

歴史の流れ

重要ポイント

① 時代や年代の分け方

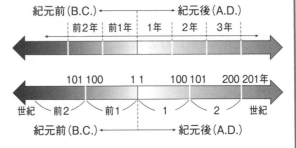

紀元前(B.C.)←————→紀元後(A.D.)
前2年 前1年 1年 2年 3年

101 100 1 1 100 101 200 201年
世紀 前2 前1 1 2 世紀
紀元前(B.C.)←————→紀元後(A.D.)

- □ **西暦**(せいれき)…イエス＝キリストが生まれたと考えられていた年を紀元1年とする。イエスの誕生前の年は紀元前〇年とし，誕生後の年は紀元後〇年とあらわすが，ふつうは紀元後を省略する。
  - └→B.C.(Before Christ)
  - └→A.D.(Anno Domini)

- □ **世紀**(せいき)…西暦を100年ごとに区切ったあらわし方。西暦1年～100年を1世紀とする。21世紀は2001年～2100年。

- □ **年号(元号)**(ねんごう)…中国で始まり，日本では西暦645年の「**大化**(たいか)」が最初である。

② 時代区分の分け方

- □ **社会のしくみの特徴による区分**…原始時代(げんし)，古代(こだい)，中世(ちゅうせい)，近世(きんせい)，近代(きんだい)，現代(げんだい)。
- □ **政治の中心地による区分**…飛鳥(あすか)，奈良，平安(へいあん)，鎌倉(かまくら)，室町(むろまち)，安土桃山(あづちももやま)，江戸(えど)時代。
- □ **時代の文化や社会の特徴による区分**…縄文(じょうもん)，弥生(やよい)，古墳(こふん)，戦国(せんごく)時代など。

ポイント 一問一答

① 時代や年代の分け方

- □ (1)紀元1年を基準とした年代のあらわし方を何というか。
- □ (2)西暦の100年ごとに年代を区切るあらわし方を何というか。
- □ (3)日本で最初に用いられた年号(元号)を何というか。

② 時代区分の分け方

- □ (1)古代や中世などは，何のしくみの特徴による区分か。
- □ (2)奈良時代や鎌倉時代は，何の中心地による区分か。

答 ①(1)西暦 (2)世紀 (3)大化
②(1)社会 (2)政治

基礎問題

▶答え　別冊p.2

1 〈世紀と時代区分〉
右の図を見て，次の各問いに答えなさい。

⚠ミス注意 (1) 100年を50cmとして，壁にはる年表をつくるとき，1世紀から21世紀までの長さはおよそ何mになるか。最も近いものを，次の**ア～エ**から1つ選べ。　[　　　]

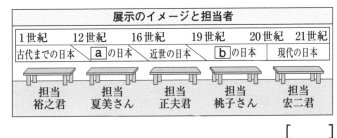

展示のイメージと担当者

1世紀	12世紀	16世紀	19世紀	20世紀　21世紀
古代までの日本	a の日本	近世の日本	b の日本	現代の日本
担当 裕之君	担当 夏美さん	担当 正夫君	担当 桃子さん	担当 宏二君

ア 5m　　**イ** 10m　　**ウ** 20m　　**エ** 50m

(2) 世紀とは，だれが生まれたと考えられる年を基準に紀元1年としているか。
[　　　　　　　　　]

(3) (2)の人物が生まれる前の「紀元前」，生まれた後の「紀元後」は，それぞれ略語でどのようにあらわされるか。アルファベットで書け。

紀元前[　　　　　　]　紀元後[　　　　　　]

(4) 図の a , b にあてはまる語句を書け。

a[　　　　　　]　b[　　　　　　]

●重要 (5) 図に見られるような「古代」「近世」「現代」などという時代の分け方は，どのような点に着目して分けられているか。次の**ア～エ**から1つ選べ。　[　　　]

ア 政権のおもな所在地によって分けられている。
イ 社会のしくみの特徴によって分けられている。
ウ 西暦年の100年を単位として分けられている。
エ 天皇の1代ごとに分けられている。

⚠ミス注意 (6) 図の12世紀とは，何年から何年までか。
[　　　　　年から　　　　　年まで]

⚠ミス注意 (7) 2000年に生まれた人は，何世紀生まれになるか。　[　　　　世紀]

ヒント

1 (1) 1～21世紀まで，100年単位でいくつ分になるかを考えて計算する。
　(4) aには鎌倉時代，室町時代がふくまれる。bには明治時代，大正時代，昭和時代(太平洋戦争まで)などがふくまれる。
　(6) 「12」という数字にまどわされないようにする。始まりと終わりの年に注意。

1 〈日本の時代区分〉

右の年表を見て，次の各問いに答えなさい。

せいれき 西暦	おもなできごと
紀元前 4世紀	大陸から稲作の技術が伝えられ， 広まる ……………………………A
4世紀	大和政権の国土統一が進む ……B
645	□□□ の改新が始まる
710	奈良に都が移される
	C
794	ⓐ京都に都が移される
	D
1192	源　頼朝が幕府を開く
	E
1333	幕府が滅びる
1338	ⓑ足利尊氏が幕府を開く
	F
1573	織田信長が幕府を滅ぼす
	G
1603	ⓒ徳川家康が幕府を開く
	H
1867	幕府が滅びる
1868	江戸を東京と改める
1912	（ ⓓ ）天皇がなくなる
1926	（ ⓔ ）天皇がなくなる
1989	（ ⓕ ）天皇がなくなる

(1) 年表中のAとBのころの時代のよび方を，次の
ア～エから1つずつ選べ。

A[　　　]　B[　　　]

ア　飛鳥時代　　イ　弥生時代
ウ　縄文時代　　エ　古墳時代

(2) (1)のような時代は，どのような特徴により区分
された時代か。次のア～ウから1つ選べ。

[　　　]

ア　その時代の文化や社会の特徴による区分
イ　その時代の政治の中心がどこにあるかによ
る区分
ウ　天皇の1代ごとに分けた区分

(3) 年表中の□□□にあてはまる，わが国最初の年
号(元号)を書け。

[　　　　　　]

(4) 年号を最初に使った国はどこか。次のア～エか
ら1つ選べ。　　　　　　　[　　　]

ア　韓国　　　イ　中国
ウ　日本　　　エ　インド

(5) 年表中のⓐ，ⓑ，ⓒは，それぞれ何世紀におこ
ったできごとか。

ⓐ [　　　　世紀]　ⓑ [　　　　世紀]

ⓒ [　　　　世紀]

(6) 年表中のC～Hの時期は，それぞれ何時代とよばれているか。

C[　　　　時代]　D[　　　　時代]

E[　　　　時代]　F[　　　　時代]

G[　　　　時代]　H[　　　　時代]

(7) 年表中の（ ⓓ ）～（ ⓕ ）には，それぞれ近代・現代に分類される時代と同じ天皇の名前があ
てはまる。それぞれの天皇の名を書け。

ⓓ [　　　　天皇]　ⓔ [　　　　天皇]　ⓕ [　　　　天皇]

(8) 2020年現在の年号(元号)を何というか。　　　　　　　　　　[　　　　　　　]

2 〈世紀の時代区分〉
世紀と時代区分を示す次の年表を見て，下の各問いに答えなさい。

略年表

時代区分	世紀	8	9	10	11	12	13	14	15	16	17	18	19
社会のしくみによる区分		A					B			近世		
政治の中心地による区分		ア	イ			ウ		エ		カ		

（オは17世紀あたりを指す）

●重要 (1) 年表中の**A**，**B**にあてはまる語句を，次の
ア〜エから1つずつ選べ。

A [   ] B [   ]

ア　原始　　イ　古代
ウ　中世　　エ　近代

(2) 右の**資料a**，**b**に示す人物が来日したのは，そ
れぞれ何世紀か，書け。

a [　　　　世紀]

b [　　　　世紀]

資料a

資料b

差がつく (3) 世紀とは，どのような年代の分け方か。「西暦」という語句を使い，簡潔に書け。
[   ]

(4) 次の①〜⑥のできごとがおきた時代を，年表中の**ア〜カ**からそれぞれ選べ。

① [   ] ② [   ] ③ [   ]

④ [   ] ⑤ [   ] ⑥ [   ]

① 鉄砲が種子島に伝わる。　② ペリーが浦賀に来航する。
③ 元が日本に襲来する。　　④ 金閣が建てられる。
⑤ 鎖国が完成する。　　　　⑥ 東大寺の大仏が完成する。

3 〈世紀と西暦〉
次の図を見て，下の各問いに答えなさい。

		紀元前	紀元後					
200……101	B.C.		A.D.	101……200		1901…2000		
3世紀	2世紀	1世紀	1世紀	2世紀		19世紀	20世紀	21世紀
300……201		100……1 年	1……100 年		1801…1900		2001…2100	

(1) 紀元前3世紀とは，何年から何年までをいうか。

[　　　　年から　　　　年]

(2) 紀元後2世紀とは，何年から何年までをいうか。

[　　　　年から　　　　年]

❶ 文明のおこりと日本

重要ポイント

① 人類の出現と文明の発生

☐ **人類の出現** ① **古い人類**…猿人(直立二足歩行)→原人(道具・火の使用)。② **新しい人類**…新人(現生人類の直接の祖先。**打製石器**の使用)。

☐ **石器時代** ① **旧石器時代**…打製石器を使い，狩りや採集・漁。② **新石器時代**…農耕・牧畜が始まる。**磨製石器**や土器の使用。

☐ **古代文明の発生**…大河の流域で農耕・牧畜が発達→文明のおこり→国家の成立。

☐ **三大宗教のおこり**…仏教(シャカ)，キリスト教(イエス)，イスラム教(ムハンマド)。

▲世界の古代文明

☐ **中国の古代国家**…殷(甲骨文字，青銅器)→周(鉄製の兵器や農具)→春秋・戦国(孔子が儒教を説く)→秦(始皇帝の中国統一。万里の長城)→漢(シルクロードが発達)。
（甲骨文字→漢字のもとになる／兵馬俑の建設／万里の長城→北方の異民族の侵入を防ぐ／シルクロード→絹の道）

☐ **都市国家**…アテネ(ポリス)やローマ。市民(成人男子のみ)による民主政治。

② 古代の日本と国家のおこり

☐ **日本列島の成立**…約1万年前，大陸から分離して成立。岩宿遺跡。
（岩宿遺跡→日本の旧石器時代を証明）

☐ **縄文時代**…狩猟・採集中心。竪穴住居，貝塚。遺物→縄文土器，土偶。三内丸山遺跡。

☐ **弥生時代**…稲作や金属器が広まる→定住生活→貧富・身分の差→支配者の出現→「むら」が「くに(国)」に。遺物に弥生土器，銅鐸，高床倉庫。登呂遺跡，吉野ヶ里遺跡。
（金属器→鉄器や青銅器）

☐ **小国家の分立**…倭の奴国の王が漢(後漢)に使いを送る。漢の皇帝から金印を授かる。
（金印→「漢委奴国王」と刻まれている）

☐ **邪馬台国**…女王卑弥呼が魏に使いを送る。『魏志倭人伝』に記述。

☐ **大和政権(ヤマト王権)**…大王を中心に連合政権を確立→氏姓制度。

  ① **古墳文化**…前方後円墳など。古墳のまわりや上に埴輪，内部に副葬品。
（前方後円墳→大仙(大山)古墳が代表的）

  ② **朝鮮との関係**…高句麗・新羅・百済の時代。大和政権が朝鮮南部に進出。
（高句麗…コグリョ(こうくり)／新羅…シルラ(しらぎ)／百済…ペクチェ(くだら)）

  ③ **中国との関係**…南北朝の分裂時代。倭の五王が南朝(宋など)に使者を送る。
（大王の地位と朝鮮南部の支配を認めてもらう）

☐ **大陸文化の伝来**…渡来人が土木・織物などの技術や儒教・漢字・仏教などを伝える。
（仏教→百済から仏典などが伝わる）

ポイント 一問一答

① 人類の出現と文明の発生

☐ (1) 700〜600万年前にアフリカで誕生した，最も古い人類を何というか。

☐ (2) 現生人類の直接の祖先にあたる人類を何というか。

☐ (3) 旧石器時代に使われた，石をうち欠いてつくった石器を何というか。

☐ (4) 紀元前3000年ごろ，ナイル川流域でおこった文明を何というか。

☐ (5) 紀元前5世紀ごろ，仏教を開いた人物はだれか。

☐ (6) 三大宗教のうち，ムハンマドが開いた宗教を何というか。

☐ (7) 殷の時代に使われた，漢字のもとになった文字を何というか。

☐ (8) 紀元前221年，中国を統一した王朝を何というか。

☐ (9) 漢の時代に開かれた，西方との交通路を何というか。

☐ (10) アテネやローマで行われた，市民による政治を何というか。

② 古代の日本と国家のおこり

☐ (1) 群馬県にある旧石器時代の遺跡を何というか。

☐ (2) 縄文時代の人々が暮らしていた住居を何というか。

☐ (3) 豊作などをいのるためにつくられたとされる，縄文時代の土の人形を何というか。

☐ (4) 紀元前4世紀ころ，大陸から伝わったのは金属器と何の技術か。

☐ (5) 3世紀に魏に使いを送った，邪馬台国の女王はだれか。

☐ (6) 現在の奈良県を中心とする，豪族らが連合してつくった国(政権)を何というか。

☐ (7) (6)の中心となった王のことを何というか。

☐ (8) 大仙(大山)古墳に代表されるような古墳の形式を何というか。

☐ (9) 古墳のまわりや上におかれた土の焼き物を何というか。

☐ (10) 4〜6世紀にかけて，朝鮮半島などから日本列島に移り住み，土木技術や漢字などを伝えた人々を何というか。

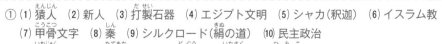

答 ① (1) 猿人 (2) 新人 (3) 打製石器 (4) エジプト文明 (5) シャカ(釈迦) (6) イスラム教
(7) 甲骨文字 (8) 秦 (9) シルクロード(絹の道) (10) 民主政治
② (1) 岩宿遺跡 (2) 竪穴住居 (3) 土偶 (4) 稲作 (5) 卑弥呼 (6) 大和政権(ヤマト王権)
(7) 大王 (8) 前方後円墳 (9) 埴輪 (10) 渡来人

基礎問題

▶答え　別冊 p.2

1 〈世界の古代文明〉

世界の古代文明について，次の各問いに答えなさい。

(1) 紀元前3000年から紀元前2000年ころ，
チグリス川，ユーフラテス川の流域で
都市がつくられていた。その場所とし
て最も適当なものを，右の地図の**ア〜
エ**から１つ選べ。また，ここでさかえ
た古代文明のよび名をカタカナで書け。

場所[　　　　]

名称[　　　　　文明]

(2) **I**の写真は，紀元前1600年ごろ中国に成立
した（　　）という国で使われた甲骨文字であ
る。（　　）にあてはまる国名を，次の**ア〜エ**
から１つ選べ。　　　　　　　　[　　　]

ア 殷　　**イ** 秦　　**ウ** 周　　**エ** 漢

(3) 紀元前３世紀に中国を統一し，死後，多くの兵馬俑（**II**の写真の人形）とともに葬られ
た人物はだれか。　　　　　　　　　　　　　　　　　　　　　　　[　　　　　　　]

2 〈縄文時代と弥生時代〉

次の各問いに答えなさい。

(1) 今から5000年前の日本の遺跡で見られるものを，次の**ア〜エ**から１つ選べ。[　　　]

　ア 方形と円形を組み合わせた形の古墳　　**イ** ごばんの目状に区切られた都市のあと

　ウ 水田のあぜ道や水路のあと　　　　　　**エ** 住居の柱が立てられていた穴

重要 (2) 大陸から伝わった右の写真の青銅器を何というか。　　[　　　　　]

ミス注意 (3) 次の文の（　　）にあてはまる語の組み合わせとして正しいものを，下
のア〜エから１つ選べ。　　　　　　　　　　　　　　[　　　]

> 弥生時代には，（ **X** ）に稲などを貯蔵するようになり，（ **Y** ）。

　ア **X**：蔵屋敷　　　　**Y**：人々の間の貧富や身分の差が少なくなった

　イ **X**：蔵屋敷　　　　**Y**：人々の間に貧富や身分の差が生まれた

　ウ **X**：高床倉庫　　　**Y**：人々の間の貧富や身分の差が少なくなった

　エ **X**：高床倉庫　　　**Y**：人々の間に貧富や身分の差が生まれた

3 〈日本の成り立ちと古墳文化〉
次の各問いに答えなさい。

⚠️ミス注意 (1) 次の文中の ☐ にあてはまる語句の組み合わせとして正しいものを，下の**ア**〜**エ**から1つ選べ。 [　　　]

> 弥生時代になると，周囲に柵や濠をめぐらせた，規模の大きな集落があらわれ始めた。このような集落を代表するものの1つに，九州の **a** 遺跡がある。この時代には大陸から **b** がもたらされ，おもに祭りのための道具として用いられていた。

ア **a**：三内丸山　**b**：須恵器　　**イ** **a**：三内丸山　**b**：青銅器
ウ **a**：吉野ヶ里　**b**：須恵器　　**エ** **a**：吉野ヶ里　**b**：青銅器

(2) 右の年表を見て，問いに答えよ。

時代区分	おもなできごと
原始	c倭の奴国の王が ☐ の皇帝から金印を授けられる
古代	倭の五王が中国の **d** に使いを送る e仏教が伝わり，飛鳥文化がさかえる

① 下線部**c**は，1世紀なかばのできごとである。そのころの人々の生活や社会のようすを述べた文として適切なものを，次の**ア**〜**エ**から1つ選べ。 [　　　]

ア 人々は，縄目のような文様をつけた土器をつくり始めた。
イ 稲作がさかんになり，社会のしくみが変わり，小さな国々ができてきた。
ウ 人々は，打製石器をつけたやりを使って，マンモスなどをとらえていた。
エ 前方後円墳を始めとする大きな古墳がつくられるようになった。

② 下線部**c**の ☐ にあてはまる中国の王朝名を，漢字1字で書け。 [　　　]
③ 下線部**c**の金印は福岡県から出土した。右上の地図中の福岡県の部分をぬりつぶせ。
④ **d** にあてはまる語句を，漢字2字で書け。 [　　　]
⑤ 下線部**e**の仏教を伝えた国はどこか。国名を書け。 [　　　]

⚠️ミス注意 (3) 次の文の（　）にあてはまる語句を書け。 [　　　]

> 3世紀後半から，円と方形を組み合わせた（　）とよばれる古墳が，大和地方を中心につくられた。5世紀には，その代表例である大仙古墳がつくられた。

ヒント

1 (3) 紀元前3世紀に春秋・戦国時代の中国を統一した国（王朝）は秦である。
2 (1)「今から5000年ほど前」とは，縄文時代のことである。
3 (1) 三内丸山遺跡と吉野ヶ里遺跡が，それぞれ何時代の遺跡かをおさえておくこと。
　(2) ②金印には「漢委奴国王」と刻まれている。
　　③江戸時代に博多湾の志賀島で，百姓が金印を発見した。

標 準 問 題

▶答え 別冊p.3

1 〈日本の旧石器時代と縄文時代〉
次の各問いに答えなさい。

(1)「縄文時代までの日本列島のようす」
について，それまで大陸続きになっ
ていた日本列島が，およそ1万年前
にほぼ現在のすがたになったのはな
ぜか。気候と海面がどのように変化
したかにふれて，その理由を書け。

数万年前に陸地
であったところ

[　　　　　　　　　　　　　　　　　　　　　　　　]

(2)右上の写真は，ある国を代表する建造物である。ある国の国名を書け。また，この建造物は紀
元前2500年ご
ろにつくられた
ものである。こ
のころの日本の
文化と関係のあ
るものを，右の
ア〜エから1つ選べ。

ア 弥生土器

イ 縄文土器

ウ 埴輪

エ 仏像

国名[　　　　] 記号[　　]

2 〈青銅器とその時代〉
右の資料を見て，次の各問いに答えなさい。

●重要(1)右の資料は，銅鐸とその側面にえがかれた絵の一部をスケッチした
ものである。銅鐸が使用されていた時代のようすとして適切なもの
を，次のア〜エから1つ選べ。 [　　]

ア 大陸からの渡来人が，漢字や仏教など多くの文化や進んだ技
術を日本に伝えた。

イ むらどうしの争いで小国が誕生し，中国に使いを送って金印
を授かる国もあらわれた。

ウ 日本は大陸と陸続きであったため，ナウマンゾウなどの大型
動物がいた。

エ 土器がつくられ始め，表面に縄目の文様がつけられたものが多く使用された。

差がつく(2)銅鐸と同じ時代の遺跡からは，銅鐸のほか，銅剣や銅矛(銅鉾)などの青銅器が発見されている。
これらの青銅器は，武器以外に共通して何に使われたのか書け。

[　　　　　　　　　　　　　　　　　　　　　]

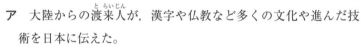

3 〈大和政権〉
次の文を読んで，下の各問いに答えなさい。

> 3世紀後半になると，大和地方を中心とする地域に前方後円墳を始めとする大きな古墳がつくられるようになった。その後，大和政権の支配の広がりにともなって，大きな古墳が各地につくられるようになった。

⚠️ミス注意 (1) 右の**A**，**B**のうち，古墳に並べられていたものは，　①　で，　②　とよばれる。　①　にあてはまるものを，**A**，**B**から1つ選べ。また，　②　にあてはまる語句を書け。

① [　　　] ② [　　　　　　]

A

B

(2) 現在の[　　　]にあたる大和地方に，豪族たちが連合した大和政権が生まれた。[　　　]にあてはまる府県名を書け。また，[　　　]の位置を，地図中の**ア～ウ**から1つ選べ。

府県名 [　　　] 位置 [　　　]

4 〈古代国家の成立と渡来文化〉
次の各問いに答えなさい。

(1) 1世紀ごろの日本のようすについて書かれた文書をパネルにして展示しようと考え，国内で書かれた書物を探したところ見つからなかった。なぜこのころに書かれた日本の書物がないのか，その理由を**資料Ⅰ**の年表をもとに考えて書け。

[　　　　　　　　　　　　　　　]

資料Ⅰ	古代までの日本のおもなできごと
1世紀 ⇩	倭の奴国の王が漢（後漢）に使いを送る
3世紀 ⇩	邪馬台国の卑弥呼が魏に使いを送る
5世紀 ⇩	渡来人が漢字や儒教を伝える
7世紀	第1回遣唐使を送る

差がつく (2) **資料Ⅱ**は，岩手県奥州市にある，国が指定した史跡の「角塚古墳」のようすをえがいたものである。この古墳は，大阪府の大仙（大山）古墳と同じ形をしていた。古墳は，おもにどのような人をほうむるためにつくられたか。このような形の古墳のよび名を明らかにして，簡潔に書け。　　[　　　　　　　　　]

資料Ⅱ

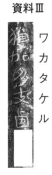

（角塚古墳調査報告書より作成）

資料Ⅲ

ワカタケル

(3) **資料Ⅲ**の鉄剣の[　　　]には，当時の大和政権の王をあらわすよび名が入る。これを漢字2字で書け。

[　　　　　　]

🔵重要 (4) 渡来人が日本に伝えた技術として最も適当なものを，次の**ア～エ**から1つ選べ。　[　　　]

　ア 高温で焼いた質のかたい土器（須恵器）や，絹織物をつくる技術。

　イ ふすまや掛軸などに墨一色で自然をえがく水墨画の技術。

　ウ キリスト教の布教に必要な書物の出版をするための，活版印刷の技術。

　エ 錦絵とよばれる多色刷りの美しい版画で，風景画や美人画をつくる技術。

❷古代国家の成立と東アジア

重要ポイント

① 律令国家への道

□ **中国の大帝国** ①隋…大運河。②唐…都は長安。律令，均田制，租・調・庸。

□ **聖徳太子(厩戸皇子)の政治**…593年，推古天皇の摂政
（古事記や日本書紀で「厩戸皇子」などと表記。のちに「聖徳太子」）
となり，蘇我馬子らと天皇中心の政治を進める。
　　① **冠位十二階** ② **十七条の憲法** ③ **遣隋使の派遣**
　　　　　　　　　　　　　　└→役人の心構えを示す
　　④ **飛鳥文化**…法隆寺。百済観音像，釈迦三尊像など。

□ **大化の改新**(645年〜)…**中大兄皇子**(のち天智天皇)・
　　中臣鎌足らが蘇我氏を倒し，政治改革→**公地・公民**。

□ **朝鮮半島**…**白村江の戦い**(はくそんこう)に敗れる。676年，**新羅**が統一。

□ **壬申の乱**…**天武天皇**が勝利。持統天皇が藤原京へ遷都。

□ **大宝律令**(701年)…律令政治の開始。
　　① **班田収授法**…口分田支給。② **農民の負担**…租・調・庸の税，労役，兵役。

□ **平城京遷都**(710年)…奈良時代。唐の長安にならう。和同開珎の使用。

□ **聖武天皇の政治**…仏教の力で国を守る。国ごとに**国分寺**，都に**東大寺**と**大仏**建立。
　　　　　　　　　└→鎮護国家の思想　　同時に国分尼寺も建てる　　　行基が協力

□ **墾田永年私財法**(743年)…逃亡する農民が増加→口分田の不足→開墾奨励。
　　　　　　　　　　　　　　　　　└→重税から逃れるため　　└→人口の増加

□ **天平文化** ① **特色**…大陸の影響。② **遣唐使**…唐の制度や文化を学ぶ。鑑真が来日。

□ **古事記・日本書紀・風土記**…国のおこりや歴史を確かめようとする動き。

② 平安時代の政治と国風文化

□ **平安京遷都**(794年)…**桓武天皇**が移す。① **律令政治**
　　の立て直し。② **蝦夷制圧**…坂上田村麻呂を征夷大
　　将軍に。

□ **平安時代の仏教**…**天台宗**(最澄)と**真言宗**(空海)。

□ **摂関政治**…藤原氏が**摂政**・**関白**として実権をにぎっ
　　　　　　　　└→天皇が幼少のころ就任　└→天皇が成人後に就任
　　て政治を行う→**藤原道長・頼通**父子のときに全盛。

□ **東アジアの動き**…唐の滅亡→**宋**の統一。**高麗**の成立。

□ **国風文化**…遣唐使停止→日本の風土や生活に合った
　　　　　　　　└→菅原道真の進言
　　文化が発達→かな文字の使用。寝殿造の邸宅に住む。

□ **浄土信仰**…念仏を唱え阿弥陀仏にすがる。

律令制度の政治のしくみ

〔神祇官〕〔太政官〕
左大臣　太政大臣　右大臣　大納言
弾正台(役人を監視)　衛府(皇居の警備)
左弁官　少納言　右弁官
中務省　式部省　治部省　民部省　兵部省　刑部省　大蔵省　宮内省

▲律令制度の政治のしくみ

建物	東大寺, 正倉院, 唐招提寺
文学	歴史書→古事記・日本書紀，地理書→風土記，歌集→万葉集

▲天平文化

建物	平等院鳳凰堂：阿弥陀堂
美術	大和絵，絵巻物→源氏物語絵巻
文学	古今和歌集（紀貫之ら）源氏物語（紫式部）枕草子（清少納言）

▲国風文化

ポイント 一問一答

① 律令国家への道

□(1) 6世紀末，中国を統一した国（王朝）を何というか。

□(2) (1)の国が滅んだあと，中国を統一した国はどこか。

□(3) 593年，推古天皇の摂政となり，天皇中心の政治を進めた人物はだれか。

□(4) 604年，(3)の人物が役人の心構えを示すために定めた法令を何というか。

□(5) 645年，中大兄皇子と中臣鎌足らが蘇我氏を倒し，政治改革を始めたが，これを何というか。

□(6) 壬申の乱に勝利し，天皇の権威を確立した天皇はだれか。

□(7) 701年に制定された律令を何というか。

□(8) 都に大仏の造立を命じた天皇はだれか。

□(9) 743年，開墾を奨励し，田の不足を解消するために発布された法令を何というか。

□(10) (8)の天皇のころにさかえた文化を何というか。

□(11) 8世紀初めに成立した，国ごとに自然や産物，伝説などについてまとめた書物を何というか。

② 平安時代の政治と国風文化

□(1) 794年，平安京に都を移した天皇はだれか。

□(2) 高野山金剛峯寺を根拠地にして真言宗を広めた人物はだれか。

□(3) 道長・頼通父子のときに全盛期をむかえた藤原氏の政治を，その特徴から何とよぶか。

□(4) 遣唐使停止をきっかけにして，日本の生活や風土に合った文化が発達するようになったが，この文化を何というか。

□(5) (4)の文化のころにつくられた，漢字をもとにした文字を何というか。

□(6) 浄土信仰の流行により，藤原頼通が宇治に建てた阿弥陀堂を何というか。

答
① (1) 隋　(2) 唐　(3) 聖徳太子（厩戸皇子）　(4) 十七条の憲法
(5) 大化の改新　(6) 天武天皇　(7) 大宝律令　(8) 聖武天皇
(9) 墾田永年私財法　(10) 天平文化　(11) 風土記
② (1) 桓武天皇　(2) 空海　(3) 摂関政治　(4) 国風文化　(5) かな文字　(6) 平等院鳳凰堂

基礎問題

▶答え　別冊p.3

1 〈聖徳太子(厩戸皇子)の政治〉
次の各問いに答えなさい。

重要 (1) 右の資料を見て，次の問いに答えよ。

① 資料は，推古天皇のときに出された法令を要約したものの一部である。この法令を何というか。

[　　　　　]

> 一にいう。和を大切にし，争いをしないことを基本と心がけよ。
> 二にいう。あつく仏教をうやまえ。
> 三にいう。天皇の命令をうけたならば必ず従え。

② 推古天皇のときには，有能な人物であれば家柄にこだわらず役人として取り立てられる制度が定められた。この制度は何か。

[　　　　　]

　ア　冠位十二階　　イ　大化の改新　　ウ　大宝律令　　エ　公地・公民

(2) 聖徳太子に関する次の問いに答えよ。

① 聖徳太子は，中国の進んだ制度や文化を取り入れようと小野妹子らを派遣した。小野妹子らが派遣された中国の王朝の名を，次のア～エから1つ選べ。

[　　　　　]

　ア　秦　　イ　漢　　ウ　隋　　エ　唐

② 聖徳太子は，寺院を建てるなど，仏教を広めようとした。上の写真は，聖徳太子が創建した寺院の1つで，現存する世界最古の木造建築であり，世界遺産に登録されている。この寺院は何とよばれるか。その名称を書け。　　[　　　　　　　]

2 〈大化の改新と奈良時代の農民の負担〉
次の各問いに答えなさい。

(1) 中大兄皇子に関して述べた次の**X～Z**の文について，その正誤の組み合わせとして正しいものを，下の**ア～エ**から1つ選べ。　　[　　　　]

> **X** 中大兄皇子は，中臣鎌足らとともに新しい政治のしくみをつくる改革を始めた。
> **Y** 中大兄皇子は壬申の乱に勝って天武天皇となり，天皇の地位を高めた。
> **Z** 中大兄皇子は天皇となったが，その位をゆずって上皇となったのち，院政とよばれる政治を行った。

　ア　X 正　Y 正　Z 誤　　　イ　X 正　Y 誤　Z 誤
　ウ　X 誤　Y 正　Z 正　　　エ　X 誤　Y 誤　Z 正

(2) 律令制のもとで，おもに成年男子に課せられ，都まで運んでおさめる特産物などの税を何というか。　　[　　　　　　　]

3 〈律令制と土地制度〉
次の各問いに答えなさい。

ある一家の構成図

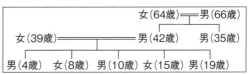

⚠ ミス注意 (1) 右の図は，正倉院に残された戸籍などの資料を参考にして，ある一家の構成を図にしたものである。班田収授法により口分田があたえられるとき，この一家の対象者は何人か。　　　[　　　　人]

(2) 奈良時代に，朝廷は，人々に開墾をすすめるために，新しく開墾した土地があればいつまでも自分の土地にしてよいという内容の法令を出した。この法令を何というか。

[　　　　　　　]

4 〈奈良時代〉
右の図を見て，次の各問いに答えなさい。

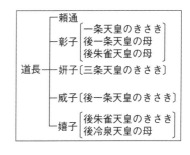

🔑重要 (1) 右の図は，ある古代の都市のようすを示している。この都市は，唐の長安にならってつくられた都である。この都市の名称を，漢字3字で書け。

[　　　　　　　]

(2) この都市に都が移された年と，最も近い時期におこったできごとを，次のア〜ウから1つ選べ。　　　[　　　]

ア　土地争いなどの裁判を公平に行う基準として，御成敗式目が定められた。

イ　天皇の命令にしたがうなど，役人の心構えを示した十七条の憲法がつくられた。

ウ　人口が増えて耕地が不足してきたため，開墾地の永久的な私有を認める法令が出された。

5 〈平安時代の政治と文化〉
次の各問いに答えなさい。

🔑重要 (1) 藤原氏がどのようにして政治の実権をにぎっていたかについて，右の資料を参考にして，「摂政」「関白」の語句を用いて説明せよ。

[　　　　　　　　　　　　]

(2) 社会が乱れ，人々の心に不安が高まったことからおこった信仰を何というか。　　[　　　　　　]

道長 ─┬─ 頼通
　　　├─ 彰子〔一条天皇のきさき／後一条天皇の母／後朱雀天皇の母〕
　　　├─ 妍子〔三条天皇のきさき〕
　　　├─ 威子〔後一条天皇のきさき〕
　　　└─ 嬉子〔後朱雀天皇のきさき／後冷泉天皇の母〕

💡ヒント

1 (2) ① 6世紀末に中国を統一した王朝。

2 (2) 農民が都まで運ばなければならない税は，租以外の2種類である。

3 (1) 班田収授法により口分田があたえられたのは，一定年齢以上の良民と奴婢（奴隷）である。

4 (2) 奈良時代は律令制度が始まったころである。このころは，人口が増える一方，重税などで逃亡する農民も多かった。

標準問題

▶答え　別冊p.4

1 〈古代国家の歩み〉
右の年表を見て，次の各問いに答えなさい。

(1) 年表中の@について，この制度の内容を
簡潔に書け。
[　　　　　　　　　　　　　]

世紀	おもなできごと
7	@冠位十二階が定められる
8	墾田永年私財法が制定される ·············· A
10	藤原純友の乱がおこる·············· B

(2) **A**の時期に，朝廷が蝦夷とよばれた人々をしたがわせる拠点とし
て築いた多賀城の位置を，地図中の**ア〜エ**から1つ選べ。[　　　]

●重要 (3) **B**の時期の日本における仏教のようすとして最も適当なものを，
次の**ア〜ウ**から1つ選べ。　　　　　　　[　　　]

ア　最澄が天台宗，空海が真言宗を広めた。

イ　仏教の力にたよって国家を守ろうとして，国ごとに国分寺が，
都に東大寺が建てられた。

ウ　念仏を唱えて，死後に極楽浄土へ生まれ変わることを願う浄土信仰が広まった。

2 〈古代の文化〉
右の資料を見て，次の各問いに答えなさい。

(1) **資料Ⅰ**の**A**は広隆寺の仏像であり，**B**は韓国の仏像である。2つの
仏像が似ていることに着目して，仏教文化が日本にどのように伝わ
ったか，次の語句を使って説明せよ。　渡来人　インド　朝鮮半島
[　　　　　　　　　　　　　　　　　　　　　　　　　]

資料Ⅰ
A　　　B

(2) 遣唐使のようすをえがいた**資料Ⅱ**を見て，次の問いに答えよ。

⚠ミス注意 ① 遣唐使は，唐の国際色豊かな文化や政治制度を持ち帰った。唐の
法律にならって，701年に定められた刑罰や政治のきまりを何と
いうか。　　　　　　　　[　　　　　　　]

② 遣唐使が派遣されていた期間のできごとを，次の**ア〜
エ**から1つ選べ。　　　　　　　[　　　]

ア　マゼラン艦隊が世界一周を達成した。
イ　大型の前方後円墳がつくられた。
ウ　フビライ＝ハンが元を建国した。
エ　桓武天皇が平安京に都を移した。

資料Ⅱ

（「鑑真和上東征絵伝」）

③ 遣唐使が停止されたころから，『源氏物語』などのすぐれた文学作品を多く生み出した貴
族の文化が生まれた。これはどのような特色のある文化か，簡潔に書け。

[　　　　　　　　　　　　　　　　　　　　　　　　　　　　]

3 〈大化の改新と律令制度〉
次の各問いに答えなさい。

差がつく (1) 大化の改新では，土地や人民の支配の方法をどのように改革しようとしたのか。それ以前の
支配の方法とあわせて，簡潔に書け。

[　　　　　　　　　　　　　　　　　　　　　　　　　　　　　　　]

(2) 班田収授法によって，ⓐ(ア　6　イ　17　ウ　21)歳以上の人々には，口分田があたえら
れ，稲でおさめるⓑ(ア　庸　イ　調　ウ　租)という税が課せられた。(　)の中から
適当なものを1つずつ選べ。　　　　　　　　　　　　ⓐ [　　　] ⓑ [　　　]

(3) 朝廷は，口分田が不足してきたことで，743年に墾田永年私財法を出して，人々に開墾を奨励
した。当時，口分田が不足したのはなぜか，おもな理由を書け。

[　　　　　　　　　　　　　　　　　　　　　　　　　　　　　　　]

4 〈古代の政治と文化〉
次の各問いに答えなさい。

(1) 聖徳太子が活躍したころに建てられた法隆寺や，その中の釈迦三尊像などを代表とする当時
の文化を何というか。[　　　　　　　　]

(2) 右の歴史カードを見て，問いに答えよ。

| A | 推古天皇の摂政となった聖徳太子は，中国や朝鮮に学んで，天皇を中心とする政治制度を整えようとした。 |
| B | 宮廷に仕える女性たちが，かな文字を用いて『源氏物語』や『枕草子』など，すぐれた文学作品をあらわした。 |

重要 ① カードAに関連して，聖徳太子の行
った政策として誤っているものを，
次から1つ選べ。　　　　[　　　]

ア　十七条の憲法　　イ　遣隋使の派遣　　ウ　冠位十二階　　エ　貨幣の発行

② 次のア～エは，カードAからBにいたるまでにおこったできごとである。ア～エを年代の
古い順に並べよ。　　　　　　　　　[　　→　　→　　→　　]

ア　百済を助けるために大軍を送ったが，新羅・唐の連合軍に大敗した(白村江の戦い)。

イ　唐の法律にならった大宝律令がつくられて，天皇を頂点とする国家のしくみができあ
がった。

ウ　中大兄皇子が中臣鎌足らとともに，蘇我氏を倒し，政治改革に着手した(大化の改新)。

エ　天智天皇のあとつぎをめぐる戦いがおこった(壬申の乱)。

③ カードBの時期の文化と下線部の作者名との正しい組み合わせを，次から1つ選べ。

ア　天平文化—清少納言　　　　イ　国風文化—清少納言　　　　[　　　]

ウ　国風文化—紫式部　　　　エ　天平文化—紫式部

(3) 右の資料Ⅰ，Ⅱは，奈良時代の特徴を
調べたものである。次の問いに答えよ。

①[　　　]にあてはまる天皇はだれか。

[　　　　　　　　]

資料Ⅰ

・天皇による政治。
・[　　　]が，中央に東大寺，国ごとに国分寺を建てた。

差がつく ②資料Ⅰの下線部の目的を，資料Ⅱを
参考にして，簡潔に書け。

[　　　　　　　　]

資料Ⅱ

近年は穀物の実りも豊かでなく，疫病もはやっている。そこで，広く民衆のために幸福を求め，諸国が仏の力で守られるよう，国ごとに寺を建て仏教の教えを伝えなさい。　　　　　　　　　　(部分要約)

実力アップ問題

1 右の図は，夏休みの自由研究で，日本の「人々の食と生活」を調べ，いくつかにまとめたカードの一部である。これらを見て，次の各問いに答えなさい。〈(1)6点，(2)・(3)5点×3〉

(1) 下線部**a**に関して，右の写真のような土器を使って行われるようになった調理の方法を1つ答えよ。

(2) 下線部**b**について，次の問いに答えよ。
　① 収穫した稲を蓄えた，右下の写真のような倉庫を何というか。
　② 稲作が広まった影響について述べた次の文中の ____ に最もよくあてはまる語句を書け。

時代	人々の食と生活
縄文 (じょうもん)	a土器がつくられ，新たな方法で調理が行われるようになった。

時代	人々の食と生活
弥生 (やよい)	b大陸から伝わった稲作が広まっていった。

時代	人々の食と生活
奈良	c都に住む貴族は，多くの食材を使った食事をとっていた。

　　水田や用水などをめぐる争いがおこり，やがて有力なむらは周囲のむらをしたがえて ____ とよばれる政治的まとまりが各地にできた。

(3) 下線部**c**に関して，奈良につくられたこの都を何というか。

(1)		(2) ①		②		(3)	

2 資料Ⅰ，Ⅱをもとに，____ にあてはまる適切な内容を書きなさい。〈(1)4点，(2)6点〉

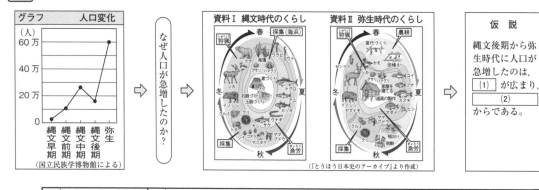

(1)		(2)	

3 あるクラスで，年代の古い順に日本の歴史上のできごとについて調べ，レポートを作成した。右の表は，A～C班が作成したレポートの題名をまとめたものである。表を見て，次の各問いに答えなさい。 〈(1)・(2)4点×2，(3)6点〉

班	レポートの題名
A	縄文文化と弥生時代
B	大和政権の発展
C	古代国家のあゆみ

(1) A班は，レポートの中で資料を使用し，縄文文化についてまとめた。縄文時代の遺跡から出土した右下の写真のような土製の造形物は，一般に何とよばれているか，その名称を書け。

(2) B班がレポートを作成したときに使用した資料として最も適当なものを，次のア～エから1つ選べ。

ア 時宗を開いた一遍が布教するようすをえがいた絵

イ 世界最大級の墓の1つである大仙古墳の写真

ウ 菱川師宣が町人の風俗を題材にえがいた絵

エ 岩宿遺跡から出土した打製石器の写真

(3) C班のレポートに盛り込まれた次のア～エのできごとを，年代の古い順に並べよ。

ア 中大兄皇子は，中臣鎌足らとともに，新しい政治のしくみをつくる改革を始めた。

イ 聖武天皇は，仏教の力で国家の平安を守ろうと，都に東大寺や大仏をつくらせた。

ウ 聖徳太子は，天皇を中心とする政治制度を整えるため，冠位十二階を定めた。

エ 桓武天皇は，新しい都で政治を立て直そうとして，都を今の京都に移した。

(1)		(2)	(3)	→	→	→

4 右の年表を見て，次の問いに答えよ。 〈4点×2〉

(1) 年表中の下線部の中大兄皇子は，その後即位して天智天皇となったが，天智天皇の死後，あとつぎをめぐって戦いがおこった。この戦いは何とよばれるか。

(2) 次のア～エのうち，年表中のⒶ～Ⓓの時期とその時期のできごとを示す組み合わせとして，誤っているものを1つ選べ。

ア Ⓐ－遣隋使が派遣される

イ Ⓑ－『古事記』がまとめられる

ウ Ⓒ－遣唐使が停止される

エ Ⓓ－『万葉集』がまとめられる

年代	できごと	
593	聖徳太子が摂政となる	Ⓐ
645	中大兄皇子らが大化の改新を始める	Ⓑ
794	桓武天皇が平安京に都を移す	Ⓒ
1016	藤原道長が摂政となる	Ⓓ
1086	白河上皇の院政が始まる	

(1)		(2)	

5 古代の文化について，次の各問いに答えなさい。

〈(1)①・(2)・(3)4点×4，(1)②6点〉

(1) 右の**地図**と**図**を見て，次の問いに答えよ。

① **地図**で示した，ユーラシア大陸の東西を結ぶ交易路を何というか。

② **図**のように，ペルシャのガラス製の容器と正倉院（しょうそういん）に残るガラス製の容器の形が似ている理由を，「遣唐使（けんとうし）」の語句を使って書け。

地図

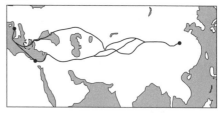

図　ペルシャのガラス製の容器（左）と正倉院に残るガラス製の容器（右）

(2) **資料**の仏像がつくられた時代を説明した文として正しいものを，次の**ア**〜**ウ**から1つ選べ。

ア 都のあった飛鳥（あすか）地方を中心に仏教をもとにした文化がさかえた。

イ 仏教の力にたよって国家を守ろうと，国ごとに国分寺と国分尼寺（こくぶんじ）を建てた。

ウ 死後に極楽浄土（ごくらくじょうど）に生まれかわることを願う浄土信仰（しんこう）が流行した。

資料　阿弥陀如来像（にょらい）

(3) 次の文の｜｜にあてはまる語句を，**ア**〜**ウ**から1つずつ選べ。

国風文化（こくふう）が最も栄えた（さか）のは，藤原氏（ふじわら）による① ｜**ア** 摂関政治（せっかん）

イ 建武の新政（けんむ）　**ウ** 院政（いんせい）｜のころであった。このころ，② ｜**ア** 紫式部（むらさきしきぶ）

イ 清少納言（せいしょうなごん）　**ウ** 紀貫之（きのつらゆき）｜によって書かれた『枕草子（まくらのそうし）』など，かな文字を用いたすぐれた文学作品が生まれた。

(1)	①		②	
(2)		(3) ①	②	

6 ある中学校で，佐賀県の歴史について調べ学習を行い，レポートにまとめた。次ページの各問いに答えなさい。

〈(1)②③・(2)・(3)4点×5，(1)①5点〉

A班：佐賀県には弥生時代（やよい）を代表する環濠集落（かんごう）である吉野ヶ里遺跡（よしのがり）があります。環濠集落とは，まわりに濠（ほり）をめぐらせた集落です。中国の歴史書『魏志倭人伝（ぎしわじんでん）』に記されている宮室・物見やぐら・城柵（じょうさく）の跡（あと）も発見され，邪馬台国（やまたいこく）との関係からも注目されています。

B班：7世紀後半，佐賀県と福岡県の県境（きい）に基肄城（きい）という山城がつくられました。これは，a 唐と新羅（シルラ）の連合軍に敗れた朝廷（ちょうてい）が，西日本の守りを固め，大宰府（だざいふ）を防備するために築かれたもので，朝鮮半島（ちょうせん）の戦乱を逃れて日本に亡命してきた百済（ペクチェ）（くだら）の人々の技術指導によりつくられました。

C班：国ごとに，自然・産物・伝説などを記した『□□□□』がつくられました。『□□□□』が現存しているのはわずかに5か国ですが，現在の佐賀県と長崎県の一部にあたる肥前国（ひぜんのくに）の『□□□□』も残っています。

(1) A班のレポート
にある環濠集落
は，弥生時代に
見られるように
なるが，それは
なぜか。その理
由を，**資料Ⅰ**と

資料Ⅰ　縄文時代のカロリー源

貝類 12.5%
木の実類 42.5
魚類 30.0
獣類 15.0

（『日本史誕生』より作成）

資料Ⅱ　弥生時代の景観（模型）

（大阪府立弥生文化博物館蔵）

資料Ⅱからわかる縄文時代の生活とのちがいに
関連づけながら，**資料Ⅲ**と**資料Ⅳ**を参考にして，
次の文の（　　）をうめよ。

資料Ⅲ　矢が刺さっている人骨（復元）

（注）弥生時代の遺跡から出土した人骨をもとに制作

> 縄文時代は，（　①　）などで食料を得てい
> たが，弥生時代には，稲作の発展により，
> 米が集落の（　②　）倉庫に蓄えられるように
> なり，米・土地・水をめぐる（　③　）ため。

(2) B班のレポートにある下線部aの戦いを何というか。

(3) C班のレポートについて，次の問いに
答えよ。

①　　　　　　にあてはまる書物名を書け。

②　①の書物と同じ時代に書かれた書
物にあてはまらないものを，次の
ア～エから1つ選べ。

ア　『万葉集』　　イ　『枕草子』
ウ　『古事記』　　エ　『日本書紀』

資料Ⅳ　弥生時代の日本（倭）のようす

> 後漢の桓帝と霊帝の時代（2世紀後半），倭の国内が
> 乱れ，内乱が続き，長い間統一されなかった。
> 　　　　　　　　　　　　　　　　（『後漢書』東夷伝）
> 邪馬台国は，もと男子の王が七，八十年支配していた
> が，国内が乱れて何年間もたがいに攻め争うようになっ
> た。
> 　　　　　　　　　　　　　　　　（『魏志倭人伝』）

(1)	①		②		③	
(2)		(3)	①		②	

❸ 武家政治の成立と展開

重要ポイント

① 武士のおこりと成長

□ **武士のおこりと活躍**…地方の治安の乱れ→地方の豪族が勢力を伸ばし，都の武官
などと結びつく→**武士団の形成**（源氏と平氏）→武士の反乱（**平将門・藤原純友**）。
　　　　　　　　　　　　　　　　　　　　　　　　　　　　└→関東地方で反乱　└→瀬戸内で反乱

□ **院政**…1086年，白河上皇が開始。荘園を保護したので上皇に荘園が集中。

□ **平氏の政権**…平清盛が保元・平治の乱に勝利→1167年，太政大臣に→**日宋貿易開始**
　　　　　　　　　　　　　　　　　　　　　　　　　　　　　　　　　　　└→厳島神社崇拝
（兵庫の港修築），摂関政治をまねる→**壇ノ浦**で滅亡。
　└→大輪田泊　　　└→娘を天皇のきさきに　　└→源義経らが活躍

② 鎌倉幕府の成立と執権政治

□ **守護・地頭の設置**（1185年）…**御家人**を任命。
　└→将軍と直接主従関係を結んだ武士

□ **鎌倉幕府**…1192年，**源 頼朝**が征夷大将軍に。
　　　　　└→三方を山に囲まれ，堅固　└みなもとのよりとも　└せいいたいしょうぐん

□ **封建制度**…将軍と御家人が**御恩**と**奉公**の関係。
　ほうけんせいど　領地を守り，領地をあたえる┘　　　└→忠誠をつくす

□ **執権政治**　頼朝の死後，北条氏が実権をにぎる。
　① **承久の乱**（1221年）…後鳥羽上皇が挙兵→
　　幕府軍に敗れる→京都に**六波羅探題**を設置。
　　　　　　　　　　　　　　　　└→朝廷の監視
　② **御成敗式目**（1232年）…北条泰時が制定。
　　　└→貞永式目。裁判の基準を示す。最初の武家法

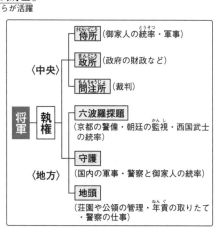

	〈中央〉	侍所	（御家人の統率・軍事）
将軍 — 執権		政所	（政府の財政など）
		問注所	（裁判）
		六波羅探題	（京都の警備・朝廷の監視・西国武士の統率）
	〈地方〉	守護	（国内の軍事・警察と御家人の統率）
		地頭	（荘園や公領の管理・年貢の取りたて・警察の仕事）

▲鎌倉幕府のしくみ

③ モンゴルの襲来と日本

□ **モンゴル帝国と元**…フビライ＝ハンが国号を**元**とする。
　└→13世紀初めチンギス＝ハンが統一。ヨーロッパ，中央アジアと交流

□ **元寇**…フビライの服属要求を執権**北条時宗**が拒否→文
　永・弘安の役→御家人は恩賞が少なく幕府への不満が
　高まる→**生活の窮乏**→**永仁の徳政令**→効果なし。
　　　　　　└→領地の分割相続　　　└→借金帳消し令

④ 武士・民衆の動きと鎌倉時代の文化

□ **武士と民衆の動き**…地頭の荘園支配が進む。牛馬の使用，**二毛作**や定期市の開始。
　　　　　　　　　└→荘園領主との二重支配

□ **鎌倉仏教**…わかりやすく，信仰しやすい。法然→**浄土宗**，親鸞→**浄土真宗**，一遍→
　　　　　　　　　　　　　　　　　　　　　　　　　　　　　　　└→一向宗ともいう　└→踊り念仏で布教
　時宗，日蓮→**日蓮宗**（法華宗），**禅宗**（栄西→**臨済宗**，道元→**曹洞宗**）。
　　　　　　　　　　　　　　　　　　　　　　　　└→座禅を行う　　　└→どうげん　└→そうとうしゅう

□ **鎌倉文化**…伝統文化を受け継いだ，宋の文化や武士の好みを反映した文化。

文学	軍記物語…平家物語（琵琶法師の語り） 歌集…新古今和歌集（藤原定家ら） 随筆…方丈記，徒然草
建物	東大寺南大門（大仏様，宋の影響），円覚寺舎利殿（禅宗の影響）
美術	彫刻…金剛力士像（東大寺南大門，運慶ら） 似絵…伝源頼朝像・伝平重盛像（写実的）

▲鎌倉文化

ポイント 一問一答

① 武士のおこりと成長

- □ (1) 10世紀前半，関東地方で反乱をおこした人物はだれか。
- □ (2) 1086年，白河天皇が天皇の位をゆずり，上皇となって始めた政治を何というか。
- □ (3) 武士として初めて太政大臣となった人物はだれか。

② 鎌倉幕府の成立と執権政治

- □ (1) 平氏が滅んだ年に源 頼朝が国ごとに設置し，御家人を任命した役職は何か。
- □ (2) 将軍と御家人は，土地を仲立ちにして，何と奉公の関係で結ばれていたか。
- □ (3) 北条氏は何という役職につき，政治の実権をにぎったか。
- □ (4) 北条泰時が定めた，裁判の基準を示した法令を何というか。
- □ (5) 1221年，後鳥羽上皇が挙兵しておこった戦いを何というか。

③ モンゴルの襲来と日本

- □ (1) フビライ＝ハンが1271年に定めた国号を何というか。
- □ (2) 2度にわたるモンゴル軍の襲来を何というか。
- □ (3) フビライの服属要求を拒否した，当時の執権はだれか。
- □ (4) 1297年，生活が苦しい御家人を救うために出した法令を何というか。

④ 武士・民衆の動きと鎌倉時代の文化

- □ (1) 近畿地方を中心に，米と麦のどんな農法が始まったか。
- □ (2) 法然が開いた新しい仏教の宗派を何というか。
- □ (3) 宋から伝えられた臨済宗や曹洞宗は合わせて何というか。
- □ (4) 平氏の盛衰をえがいた軍記物語の傑作を何というか。
- □ (5) 金剛力士像が安置されている建造物は何か。

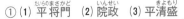

答

① (1) 平 将門 (2) 院政 (3) 平清盛
② (1) 守護 (2) 御恩 (3) 執権 (4) 御成敗式目(貞永式目) (5) 承久の乱
③ (1) 元 (2) 元寇 (3) 北条時宗 (4) (永仁の)徳政令
④ (1) 二毛作 (2) 浄土宗 (3) 禅宗 (4) 平家物語 (5) 東大寺南大門

基礎問題

▶答え　別冊p.6

1 〈院政と平氏の政治〉
次の各問いに答えなさい。

(1) 右の表について, 次の問いに答えよ。

●重要 ① 表の2つの　　　　　にあてはまる

人物名を書け。

　　　　　　[　上皇]

② 下線部のしくみを,「天皇」「上
皇」の2つの語句を用いて書け。

[　　　　　　　　　　　　　]

歴史の資料	調べたこと
京都の賀茂川の流れ, 双六のさい, 延暦寺の僧兵, これが私の意のままにならないものである。	これは, 平安時代の　　　上皇の言葉とされているものです。　　　上皇は, 藤原氏の力をおさえて, <u>新しい政治を行いました</u>。

系図

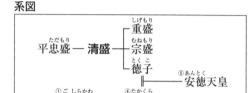

（数字は即位順。後白河天皇と高倉天皇の間に即位した天皇は, この系図では省略している）

(2) 平清盛に関する右の**系図**を見ると, 清盛
は, 政治の実権をにぎったとき, 藤原氏
の摂関政治とよく似たことを行っていた
ことがわかる。それはどのようなことか, 答えよ。

[　　　　　　　　　　　　　　　　　　　　　　　　　　　]

●重要 (3) 平清盛が兵庫の港（大輪田泊）を修築したのは, 中国の何という王朝と貿易を行うため
だったか。　　　　　　　　　　　　　　　　　　　　[　　　　　　]

2 〈鎌倉幕府の成立と執権政治〉
次の各問いに答えなさい。

(1) 右のカードの下線部に関して, この前後に
おこった次の**ア〜エ**のできごとを古い順に
ならべたとき, 3番目になるものを1つ選
べ。　　　　　　　　　　[　　　　]

ア 御成敗式目（貞永式目）が制定された。
イ 京都に六波羅探題がおかれた。
ウ 壇ノ浦で, 平氏が滅亡した。
エ 源頼朝が征夷大将軍になった。

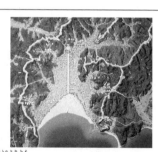

源頼朝によって幕府が開かれた当時の鎌倉を復元した模型である。山と海に囲まれた地形をいかし, ここを武家の政治の中心とした。

⚠ミス注意 (2) 右の資料は, ある乱に際して北条政子が武士たちに
向けて話した内容を要約したものの一部である。こ
の乱を何というか。　　　　　[　　　　　　]

みなの者よく聞きなさい。亡き頼朝公が幕府を開いてから, その恩は山よりも高く, 海よりも深い。みながその恩に報いたいという志は浅くないはずです。敵をうち, 幕府を守りなさい。（部分要約）

3 〈元寇とその時代〉

次の文と資料について，下の各問いに答えなさい。

右の資料は，「蒙古襲来絵詞」という絵巻物の一部である。**a**幕府軍は**b**元軍の ☐ **X** ☐ 戦法や ☐ **Y** ☐ を使った武器に苦しめられたが，暴風雨がおこり元軍は撤退した。その後も幕府は警戒態勢をゆるめず，九州各地の守りを固めていった。

(重要) (1) 文中の ☐ **X** ☐，☐ **Y** ☐ にあてはまる語句を，それぞれ漢字2字で書け。

X [　　　　　] Y [　　　　　]

(2) 下線部**a**は，元軍の撤退後，徳政令を出した。幕府がこの法令を出した目的と，この法令の内容とを，それぞれ簡潔に書け。

目的 [　　　　　　　　　　　　　　　　　　　　　　　]

内容 [　　　　　　　　　　　　　　　　　　　　　　　]

(3) 下線部**b**が日本に襲来したときの元の皇帝はだれか。　　　　 [　　　　　]

(4) 資料にえがかれたできごとがおきたころの仏教の説明として，最も適切なものを次のア〜エから1つ選べ。　　　　　　　　　　　　　　　　　　　　　　　 [　　]

ア　空海が高野山に寺を建て，真言宗を広めた。

イ　道元が禅宗を伝え，座禅をすすめ，武士たちに受け入れられた。

ウ　浄土真宗の信者が中心となって一向一揆をおこした。

エ　国ごとに国分寺，国分尼寺が，都には東大寺が建てられた。

4 〈鎌倉新仏教〉

次の文を読んで，下の各問いに答えなさい。

右の資料は，**a** {ア 平安　イ 鎌倉} 時代に諸国をめぐり歩いて布教をすすめた ☐ をえがいたものである。この時代，**b** {ア 親鸞　イ 法然} は，浄土真宗（一向宗）を開いた。

(1) 文中の { } から適当なものを1つずつ選べ。　a [　　] b [　　]

(2) 文中の ☐ にあてはまる人物名を書け。　　　　　　 [　　　　　]

ヒント

1 (2) 系図の娘の徳子が高倉天皇のきさきになり，安徳天皇を産んでいることから考える。

2 (2) 資料は，1221年に後鳥羽上皇が京都で挙兵したときに，御家人に結束を訴えた北条政子の演説。

3 (2) 徳政令は借金帳消し令のこと。当時，御家人の多くは生活苦だった。

4 (2) 踊り念仏で布教のために諸国を旅した人物。

1　〈平清盛と 源 頼朝〉
次のカードに関連して，下の各問いに答えなさい。

> 院政の実権をめぐる争いを武力で解決した平清盛が，a武士として初めて政治の実権をにぎった。しかし，清盛の死後，源頼朝が平氏を滅ぼし，b幕府を開いた。

(1)①平清盛が港を整備した場所と，②源頼朝が幕府を開いて本拠地にした場所を，地図中のア～エから1つずつ選べ。ただし，都道府県の形は現在のものであり，陸上の境界線を破線で示している。

①[　　　]　②[　　　]

(2)(1)で答えた場所について，平清盛が港を整備した理由を，外国の国名を入れて簡潔に書け。

[　　　　　　　　　　　　　　　　　　　　　　　　　　　　]

(3)下線部aについて，平清盛は何という役職について政治の実権をにぎったか。次のア～エから1つ選べ。

[　　　]

ア　太政大臣　　イ　摂政　　ウ　大王　　エ　関白

差がつく(4)下線部bの幕府の将軍と御家人は，御恩と奉公にもとづく主従関係で結ばれていた。御恩と奉公とは何か。それぞれ説明せよ。

御恩[　　　　　　　　　　　　　　　　　　　　　　　　　　]

奉公[　　　　　　　　　　　　　　　　　　　　　　　　　　]

2　〈御成敗式目〉
次の資料は，鎌倉時代に定められた御成敗式目について書かれた手紙の一部の要約である。下の各問いに答えなさい。

> ところでこの御成敗式目は何を根拠として制定したものかと，京都の公家たちが非難するかもしれない。そのとおりこれといった中国の書籍によったわけではなく，ただ武家社会の道理を書き記したものである。こうした規定を前もって制定しておかないと，幕府の裁判において事実の真理によらず，原告と被告の力のちがいによって判決がなされたり，以前の判決の例を無視して裁判がおこされたりすることがある。

ミス注意(1)御成敗式目を定めた人物はだれか。人物名を書け。　　　[　　　　　]

(2)(1)の人物がついていた鎌倉幕府の役職は何か。　　　　　　[　　　　　]

(3)御成敗式目は，どんなことを定めた法律か。資料を参考にして書け。

[　　　　　　　　　　　　　　　　　　　　　　　　　　　　]

3 〈元寇とその後の社会〉
右のカードを見て，次の各問いに答えなさい。

表
北条時宗（1251〜1284）

裏
元寇を退ける
・鎌倉幕府第8代執権
・元の皇帝□□による，再三の服属の要求を拒絶。
・二度にわたる元寇の際，防戦の指揮にあたる。

(1) 裏のカードの□□に入る人物の名前を書け。　[　　　　　　　]

●重要 (2) 下線部に関して，元寇について説明した文として正しいものを，次のア〜エから1つ選べ。　[　　　]

ア　1度目の元寇を文禄の役といい，2度目の元寇を慶長の役という。

イ　幕府は元軍の襲来に備えて，博多湾に石の防壁（石築地）を築いたり，九州警備のため防人を配置するなど，防衛力強化に取り組んだ。

ウ　元軍は集団戦法と火器を使った攻撃で，幕府軍を苦しめた。

エ　元軍の攻撃を退けたことで，幕府と御家人の結束が強まり，幕府は多くの恩賞をもって御家人の功績に報いた。

4 〈庶民の動きと鎌倉文化〉
次の各問いに答えなさい。

●重要 (1) 次の文は，**資料Ⅰ**の下線部について述べたものである。文中の（　）に共通してあてはまる最も適当な語句を漢字2字で書け。　[　　　　　　　]

資料Ⅰ

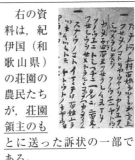

右の資料は，紀伊国（和歌山県）の荘園の農民たちが，荘園領主のもとに送った訴状の一部である。

　この訴状のように，（　）のおかれた荘園では，農民が団結して（　）のひどい行いを荘園領主に訴えることがあった。（　）は，源頼朝が荘園や公領ごとにおくことを朝廷に認めさせたものである。

(2) **資料Ⅱ**の□□にあてはまる中国の王朝は何という王朝か。次のア〜エから1つ選べ。　[　　　]

ア　明　イ　唐　ウ　元　エ　宋

資料Ⅱ

1199年に再建された東大寺南大門は，□□から取り入れた新しい様式で建築されています。

(3) 鎌倉を政治の中心とした時代には，一遍を始め何人かの僧が，新しい仏教の宗派を開いた。**資料Ⅲ**の表の X ， Y にあてはまる語句の組み合わせとして正しいものを，次のア〜エから1つ選べ。　[　　　]

資料Ⅲ

僧の名前	宗派	特　色
一遍	時宗	南無阿弥陀仏と一心に
法然	浄土宗	Y をとなえれば極楽
親鸞	X	往生できると説いた。

ア　 X ＝浄土真宗　　 Y ＝題目

イ　 X ＝日蓮宗　　 Y ＝題目

ウ　 X ＝浄土真宗　　 Y ＝念仏

エ　 X ＝日蓮宗　　 Y ＝念仏

❹室町幕府の政治と東アジアとの交流

重要ポイント

①南北朝の動乱と室町幕府の成立

☐ **建武の新政**(1334年)…後醍醐天皇が天皇中心の政治

（公家重視）→武士の不満→**足利尊氏**挙兵→新政失敗。

☐ **南北朝の動乱**　約60年にわたり対立→**南北朝時代**。

① **南朝**…後醍醐天皇が**吉野**で天皇政治 ┐1392年，義
② **北朝**…足利尊氏が**京都**で幕府政治 ┘満が合一。
③ **守護大名**の誕生…守護の権力が強まり地頭・武士

をしたがえる→領主化が進む→**守護大名**に成長。

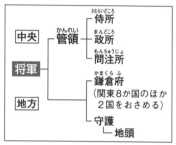

▲室町幕府のしくみ

☐ **室町幕府**(1338年)…尊氏が開き，3代義満のときに全盛。守護大名の力が強い。
→京都の室町に御所（花の御所とよばれる）をつくる

②日明貿易と東アジアの変動

☐ **日明貿易**…明は**倭寇**の取りしまりと朝貢を要求→義満は貿易の利益に目をつけ貿易
→中国や朝鮮沿岸で海賊的行為　　　　　　　　　　　　　　　　　　　　→りえき

開始→正式な貿易船の証明に**勘合**を使用。輸出品→刀剣など，輸入品→銅銭など。
　　　　　　　　　　　　かんごう└勘合貿易

☐ **東アジアの情勢**　① 明…モンゴル民族を北に追いやって，漢民族の王朝が成立。

② **朝鮮国**…1392年成立。ハングルの使用。③ **琉球王国**…15世紀初め統一。中継貿
→李成桂が建国　　　　　　　　　　　　　　　　　　　　「おもろさうし」，三線，組踊などの文化が発展

易で発展。

③民衆の成長と戦国大名

☐ **商業の発達**…各地に**定期市**。銅銭の使用。**座**，**土倉・酒屋**，**馬借**や**問**(**問丸**)の発達。
　　　　　　　　　　　　└栄銭・明銭　　└商工業者の同業者組合　└金融業者　　　　　　　└運送業者

☐ **都市の発達**…城下町，港町，門前町など。**自治都市**の誕生→**堺・京都・博多**など。
　　　　　　　　　　　　　　　　　　　　　　　　　　　　　　　　　　　　└町衆が活躍

☐ **村の自治**…**惣**(村の自治組織)の形成→**寄合**で村のおきてを定める。

☐ **土一揆**…借金の帳消しや年貢の引き下げなどを要求→**国一揆**，**一向一揆**。

☐ **応仁の乱**(1467〜77年)…**下剋上**の風潮→**戦国大名**の登場。**分国法**を定めて領国を支配。
→将軍家の相続争い，守護大名の対立などが原因

④室町文化

☐ **特色**…禅宗の影響を受ける。公家と武家の文化が融合。

☐ **北山文化**…足利義満の建てた**金閣**が代表。観阿弥・**世阿弥**父子が能を大成。**狂言**。

☐ **東山文化**…足利義政の建てた**銀閣**(書院造)が代表。**雪舟**が水墨画を大成。**御伽草子**。
　　　　　　　　　　　　　　　　　　　　　　　　　　　　　　　　　　　　　　「浦島太郎」など絵入りの物語┘

テストでは
ココが
ねらわれる

●建武の新政の失敗の理由, 守護大名の成長について問われることが多い。
●勘合貿易の相手国や勘合が使用された理由, 琉球王国などがよく出題される。
●室町文化は, 金閣, 銀閣を中心に, 能, 水墨画, 御伽草子について整理しておこう。

ポイント 一問一答

① 南北朝の動乱と室町幕府の成立

□ (1)建武の新政を始めた天皇はだれか。

□ (2)(1)の天皇が吉野にのがれて立てた朝廷を何というか。

□ (3)南北朝の動乱期に, 実力を伸ばし領国を支配するようになった大名のことを何というか。

□ (4)1338年, 京都に幕府を開いた人物はだれか。

② 日明貿易と東アジアの変動

□ (1)中国や朝鮮沿岸で海賊的行為を行った集団を何というか。

□ (2)1404年, 明との間で始まった貿易は, 合い札を用いたことから何とよばれたか。

□ (3)1392年に成立した朝鮮で使われた, 独自の文字は何か。

③ 民衆の成長と戦国大名

□ (1)室町時代の商工業者が組織した同業者組合を何というか。

□ (2)室町時代の代表的な高利貸業者は, 酒屋と何か。

□ (3)有力農民を中心に結成された自治的な組織を何というか。

□ (4)浄土真宗の信者らが, 守護大名に対しておこした一揆を何というか。

□ (5)1467年に将軍家の後継問題などからおこった戦乱を何というか。

□ (6)戦国大名が領国をおさめるために定めた, 独自の法は何か。

④ 室町文化

□ (1)足利義満が京都の北山に建てた別荘を何というか。

□ (2)足利義政が建てた銀閣に代表される文化を何というか。

答
① (1) 後醍醐天皇 (2) 南朝 (3) 守護大名 (4) 足利尊氏
② (1) 倭寇 (2) 勘合貿易 (3) ハングル
③ (1) 座 (2) 土倉 (3) 惣 (4) 一向一揆 (5) 応仁の乱 (6) 分国法
④ (1) 金閣 (2) 東山文化

基礎問題

▶答え　別冊p.8

1 〈室町時代〉
次の各問いに答えなさい。

⚠️ミス注意 (1) 後醍醐天皇が行った天皇中心の政治を何というか。　　[　　　　　]

(2) (1)の政治は2年ほどで崩れ、2つの朝廷が並び立つ動乱が、約60年間続いた。この時代を何とよぶか。　　[　　　　　]

🔑重要 (3) 次の文の　X　, 　Y　にあてはまる最も適当な語句を、それぞれ漢字2字で書け。

X[　　　　　] Y[　　　　　]

> 鎌倉時代に、幕府は国ごとに　X　をおいて国内の軍事や警察の仕事にあたらせた。室町時代になると、　X　は国内の武士をしたがえて自分の領地を拡大することにより、　X　大名へと成長していった。室町幕府の力が弱まると、下剋上の風潮の中で実力ある者が勢力を伸ばすようになり、　Y　大名が登場した。　Y　大名の動きが活発であった約100年間を、　Y　時代という。

2 〈日明貿易と東アジアの変動〉
次の各問いに答えなさい。

⚠️ミス注意 (1) 右の資料は、中国、朝鮮沿岸で活動した海賊のようすをえがいたものである。当時の貿易に関する次の文の　　　に入る適切な語句を書け。

a[　　　　　] b[　　　　　]

> 足利義満は、海賊である　a　を取りしまり、正式な貿易船には明からあたえられた　b　という合い札を用いて日明貿易を始めた。

(2) 室町時代のアジアのできごととしてあてはまるものを、次から1つ選べ。　[　　　]
　ア　新羅が朝鮮半島を統一した。　イ　高麗が滅び、朝鮮国(朝鮮王朝)がおこった。
　ウ　隋がほろび、唐がおこった。　エ　フビライ=ハンが国号(国名)を元と定めた。

(3) 右の地図中に示した那覇には、琉球王国の王宮であった首里城がある。15世紀初めに成立したこの王国が繁栄した理由を、この国の位置に着目して、簡潔に述べよ。

[　　　　　　　　　　　　　　　]

3 〈産業の発達と民衆の成長〉
次の各問いに答えなさい。

資料Ⅰ

⚠️ミス注意 (1) 資料Ⅰは，室町幕府が京都におかれた時代に交通の要地で活動した，馬の背に物資を乗せて運ぶ運送業者である。その名称を書け。また，このころのようすを述べた文を，次の**ア〜エ**から１つ選べ。

名称[   ] 記号[   ]

ア 和同開珎などの貨幣が発行され，また，都の市では各地の産物が売買された。
イ 五街道が整備されて宿場町や門前町が栄え，東廻り・西廻りの航路も開かれた。
ウ 広い地域で団結した農民が，土一揆をおこし，借金の帳消しを要求した。
エ 物価が上昇するなかで，外国人の排斥をさけぶ攘夷運動が高まりを見せた。

(2) 資料Ⅱは，室町時代に使われたとされている旗である。この旗について述べた文として適切なものを，次の**ア〜エ**から１つ選べ。

[   ]

資料Ⅱ

（広島県　長善寺蔵）

ア 朝鮮や中国の沿岸を荒らした倭寇が掲げていた旗である。
イ 織田信長が延暦寺を焼き討ちしたときに使った旗である。
ウ 九州北部を襲撃してきた元軍が用いていた旗である。
エ 一向宗を信仰する武士や農民の団結を示した旗である。

4 〈室町文化〉
次の各問いに答えなさい。

資料Ⅰ

⚠️ミス注意 (1) 資料Ⅰの面は，観阿弥・世阿弥父子が舞台芸術として大成した　□□□□とよばれる伝統演劇で用いられる女面である。□□□□にあてはまる語句を書け。　[   ]

🔵重要 (2) 資料Ⅱは，慈照寺にある東求堂の内部である。このような建築様式を何というか。　[   ]

資料Ⅱ

(3) 資料Ⅲは，
日本の水墨
画に大きな
影響をあた

資料Ⅲ

えた人物の作品の一部である。この人物はだれか。　[   ]

ヒント

2 (3) 琉球王国は，日本，朝鮮，中国，東南アジアのほぼ中間地点に位置していたことに着目する。
3 (1) 「馬の背」がヒントになる。
　(2) 旗の「往生」「極楽」などの文字に着目する。
4 (2) 床の間やふすま，障子，たたみなど，現在の和室のもとになった建築様式である。

標準問題

▶答え　別冊 p.9

1 〈正長の土一揆と室町時代の社会〉
右の資料を見て，次の各問いに答えなさい。

差がつく(1) 資料は，1428(正長元)年の土一揆のときに記された碑文である。一揆
をおこした人々の要求を，**資料**をもとにして簡潔に書け。

[　　　　　　　　　　　　　　　　　　　　　　　　　]

(2) この一揆がおきたころの各地のようすを述べた文として正しいものを，
次のア～エから1つ選べ。　　　　　　　　　　　　　　[　　　　]

　ア　平戸や長崎では，ポルトガルとの南蛮貿易が行われた。

　イ　大阪は，「天下の台所」とよばれる商業の中心地だった。

　ウ　京都では，土倉や酒屋とよばれる富豪が金融業を営んでいた。

　エ　安土の城下では，楽市・楽座の政策がとられ，商工業が発達した。

(3) このような一揆がさかんにおきた室町時代には，民衆の間にも文化が広がった。室町時代の
文化の特色を述べた文として最も適当なものを，次のア～エから1つ選べ。　　[　　　　]

　ア　義理と人情の世界に生きる男女の悲劇などをえがいた，人形浄瑠璃が親しまれた。

　イ　御伽草子という，幸福や富を求める民衆の夢が語られている絵入り物語が喜ばれた。

　ウ　民衆の生活をおもしろおかしく表現し世相を皮肉る，狂歌や川柳が流行した。

　エ　活版印刷の普及によって，民衆向けの新聞や雑誌の発行がさかんになった。

資料

「正長元年ヨリサキ者（正長元年以前は）カンベ四カンガウ（神戸4か郷）ニオキメ（借金）アルベカラズ」と記されている。

2 〈勘合貿易と東アジア〉
右の地図と資料を見て，次の各問いに答えなさい。

(1) 地図中の　　　は，漢民族によって建国された国(王
朝)である。この国(王朝)の名を漢字で書け。

[　　　　　　　　　　　]

(2) 地図中の　　　と日本の貿易は，右のような勘合を
用いて行われた。その理由を簡潔に書け。

[　　　　　　　　　　　　　　　　　　　　　]

ミス注意(3) (1)の国(王朝)から「日本国王」と認められ，(1)の国(王朝)から
あたえられた勘合という合い札の証明書を用いて，貿易を始
めたのはだれか。　　　　　　　　　[　　　　　　　　　]

(4) 右の**資料**は，地図中のPで15世紀から16世紀にかけてさかえ
た国についてのものである。　　　にあてはまる国名を書け。

[　　　　　　　　　　　]

本字壹號別

[勘合]

日本
朝鮮
京都
(室町)
P

資料　首里城の鐘に刻まれた文

　　　は，南海の景色
の良い土地にある。(中略)
　船を操って万国の架け
橋となり，めずらしい宝
はいたるところに満ちて
いる。
　　　　　　(部分要約)

3 〈産業の発達と室町文化〉

右の資料を見て，次の各問いに答えなさい。

資料Ⅰ「月次風俗図屏風（つきなみふうぞくずびょうぶ）」　資料Ⅱ「秋冬山水図（しゅうとうさんすいず）」

(1) 資料Ⅰは，室町時代の田植えのようすをえがいたものである。この時代の農村について説明した文として適切なものを，次から1つ選べ。　[　　　]

ア　有力農民の指導のもとで，惣（そう）とよばれる自治的な組織がつくられた。

イ　幕府や藩は，海や沼地を干拓（かんたく）するなど，新田開発を行った。

ウ　干鰯（ほしか）などを肥料として買い，綿花などの商品作物を栽培した。

エ　有力な本百姓（ほんびゃくしょう）は，庄屋（しょうや），組頭（くみがしら），百姓代などの村役人になった。

(2) 資料Ⅱの作者は京都の寺に入門して画僧になったが，やがて山口に移住した。その後，大きな戦乱がおきたころに遣明船（けんみんせん）で中国に渡り，水墨画（すいぼくが）の新しい技法を学んだ。帰国後は各地を転々としながら活躍した。この大きな戦乱とは何か。　[　　　　　　　]

(3) 資料Ⅱの絵の特徴を，次のア〜エから1つ選べ。　[　　　]

ア　貴族の宮廷生活をえがいている。　　イ　南蛮風の風俗をえがいている。

ウ　町人の風俗をえがいている。　　エ　墨（すみ）の濃淡（のうたん）で風景をえがいている。

4 〈応仁（おうにん）の乱と戦国（せんごく）時代〉

次の各問いに答えなさい。

(1) 1467年に京都で始まった応仁の乱で対立した有力な守護大名の組み合わせとして正しいものを，次のア〜エから1つ選べ。　[　　　]

ア　細川（ほそかわ）氏・山名（やまな）氏　　イ　織田（おだ）氏・北条（ほうじょう）氏

ウ　武田（たけだ）氏・上杉（うえすぎ）氏　　エ　朝倉（あさくら）氏・毛利（もうり）氏

(2) 資料Ⅰは，山城国一揆（やましろのくにいっき）のようすを記した日記の内容を要約したものである。山城国一揆は，その当時から下剋上（げこくじょう）の風潮のあらわれとしてとらえられていた。その理由を，資料Ⅰをもとにして，簡潔に書け。

[　　　　　　　　　　　　　　]

(3) 資料Ⅱは中国地方のおもな支配者の変化を示している。資料のように，15世紀前半から16世紀後半にかけて全国的に見られた支配者の変化の特徴を，簡潔に書け。

[　　　　　　　　　　　　　　]

資料Ⅰ

今日，山城国の国人（注1）が集会した。参加者の年齢は，上は六十，下は十五，六歳だという。同時に，国中の農民なども群集した。今度の両軍（注2）に対する処置を決めるためだという。

今日，山城国の国人が，宇治（うじ）の平等院（びょうどういん）で会合した。山城国中を統治するための掟（おきて）を改めて定めるためだという。

（『大乗院寺社雑事記（だいじょういんじしゃぞうじき）』より，一部を要約）

注1　南北朝時代から室町時代の，地方在住の武士のこと。
　2　山城国内で争っていた守護の軍勢をさす。

資料Ⅱ

（15世紀前半の支配者）
京極氏
山名氏　細川氏
大内氏
（16世紀後半の支配者）
毛利氏

＊毛利氏は15世紀前半には，山名氏支配下の有力武士であった。

実力アップ問題

1 中世について，次の各問いに答えなさい。　〈(1)7点，(2)3点×3〉

(1) 11世紀なかばに藤原氏との関係が
うすれた天皇が即位すると，藤原
氏による摂関政治はおとろえ，そ
れにかわって新しいかたちの政治
が行われるようになった。その政
治はどのようなものか。名称をふ
くめて，**資料**を参考に簡潔に書け。

資料　皇室関係図

```
71        72      73      74      75              78    79
後三条 ─ 白河 ─ 堀河 ─ 鳥羽 ─ 崇徳      ┌ 二条 ─ 六条
                            77        80
                            後白河 ─ 高倉
                            76
                            近衛
```

＊□□□は新しいかたちで政治を　　＊数字は天皇の即位順
　行った天皇

(2) 銀閣が建てられた当時，下の身分の者が実力で上の身分の者にとってかわる風潮が広がった。
次の問いに答えよ。

① このような風潮を何というか。

② 銀閣を中心として発展した室町文化をとくに何というか。

③ 現在の京都府南部の地域においては，武士と農民が一体となって守護大名を追い出し，
自治を行った。このできごとを何というか。

(1)			
(2)	①	②	③

2 右は，生徒が時代のまとまりごとに学習したことを，まとめた資料である。これを見て，次の
各問いに答えなさい。　〈3点×5〉

中世の武家政治の成立と展開

(1) 資料の　A　～　C　にあてはま
る語句を，次から1つずつ選べ。

ア　守護
イ　国司
ウ　執権
エ　外様大名
オ　戦国大名
カ　守護大名

明銭（永楽通宝）

政権の移り変わり	武士の支配力の拡大とできごと	東アジアとのかかわり
平氏政権		ⓐ中国との貿易推進
鎌倉幕府	A と地頭の設置 ・承久の乱 ・御成敗式目制定	ⓑ元軍の襲来
建武の新政		
室町幕府	・南北朝の争乱 B へ成長 ・応仁の乱 ・下剋上の風潮 C の登場	ⓒ勘合貿易の開始 ⓓ琉球王国による中継貿易

(2) 資料のⓐ～ⓓのことがらから，上の写真と最も関係の深いものを，1つ選べ。また，選んだ
ことがらと関係する人物を，次のア～オから1人選べ。

ア　平清盛　　イ　源頼朝　　ウ　北条時宗　　エ　足利義満　　オ　徳川家光

(1)	A	B	C	(2)	ことがら	人物

3 右は，モンゴル帝国の拡大を示した地図である。これを見て，次の各問いに答えなさい。

《(1)3点，(2)5点》

(1) 元軍が日本に攻めてきたさいの戦いのよ
うすや結果について述べたものとして最
も適当なものを，次の**ア～エ**から1つ選べ。

ア 幕府軍は，てつはうや集団戦法を用
いて元軍を撃退した。

イ 元軍は馬に乗り，弓矢を用いて戦い，
幕府軍を苦しめた。

ウ この戦のあと，幕府は領地の分割相
続によって困窮した御家人を救うために徳政令を出した。

エ 日本軍は元軍を撃退したあと，朝鮮半島一帯を支配した。

地図内：
神聖ローマ帝国
大都
ビザンツ(東ローマ)帝国

◯ モンゴル帝国の領域
→ チンギス・ハン時代の遠征
⇢ フビライ・ハン時代の遠征

(2) モンゴル帝国は，地図のように多くの土地を支配したが、各地の宗教や言語を認め、陸や海
の交通路を整備した。モンゴル帝国がユーラシア世界にあたえた影響を簡潔に書け。

(1)		(2)	

---

4 右の資料を見て，次の各問いに答えなさい。

《(1)3点×2，(2)8点》

(1) 夏美さんは，**資料Ⅰ**と**資料Ⅱ**の
パネルで，古代までの日本と中
世の日本のちがいについて説明
しようと考えた。次の文の（　）
に適する語句をそれぞれ書け。

> 古代までの日本と中世の日
> 本の大きなちがいは，政治の
> 中心勢力が（ a ）から（ b ）
> に移ったことである。

(2) 夏美さんは，鎌倉時代の新しい
仏教に興味を持ち，右のように
パネルにまとめた。　**c**　に
適切な内容を入れ，文を完成さ
せよ。

(1)	a		b	
(2)				

資料Ⅰ　　　　　資料Ⅱ

夏美さんがつくったパネルの一部

平安時代	鎌倉時代
真言宗　天台宗	浄土宗　浄土真宗　日蓮宗　禅宗

学習問題：なぜ鎌倉時代に新しい仏教の教えが広まったのか？

平安時代の宗派の特色		鎌倉時代の宗派の特色	
真言宗 天台宗	人里はなれた山奥の寺で，学問やきびしい修行を行う	浄土宗 浄土真宗	念仏を唱えれば，だれでも死後に極楽浄土に生まれ変われる
		日蓮宗	題目を唱えれば，人も国家も救われる
		禅宗	座禅によって自分の力でさとりを開く

↓ 特色から

─仮説─
新しい仏教の教えは，　**c**　ので，多くの人々の心をとらえたから
ではないだろうか。

5 右の資料を見て，次の各問いに答えなさい。

〈(1)・(3)3点×3，(2)7点〉

(1) 資料Ⅰの略地図は，ある幕府がお
かれた場所を示したものである。
これを見て，次の問いに答えよ。

資料Ⅰ

資料Ⅱ 東大寺南大門金剛力士像

① この幕府を開いた人物について
述べた文として最も適当なもの
を，次のア〜エから1つ選べ。
　ア　後醍醐天皇が吉野にのがれ
ると，北朝から征夷大将軍に
任じられた。
　イ　石田三成らを関ヶ原の戦いで破り，全国を支
配する実権をにぎった。

資料Ⅲ

　ウ　保元の乱や平治の乱で勝利し，源氏を破って
太政大臣となった。
　エ　平泉を拠点とした奥州藤原氏を滅ぼしたあと，
征夷大将軍に任じられた。

② この幕府を開いた人物の死後，この幕府が滅びる
までの期間におこった次のア〜エのできごとを，
年代の古い順に並べ替えよ。
　ア　京都に六波羅探題が設置される。　　　　イ　永仁の徳政令が出される。
　ウ　2度にわたり元が北九州に襲来する。　　エ　御成敗式目が制定される。

(2) 資料Ⅱについて，この彫刻にあらわれている当時の文化の特徴を，時代の背景をふくめて簡
潔に書け。

(3) 資料Ⅲの絵は，ある幕府の政治の中心として建てられた京都の邸宅(御所)をえがいたもので
ある。将軍がここに邸宅を建てたころの日本の文化について述べた文として最も適当なもの
を，次のア〜エから1つ選べ。
　ア　国のしくみが整うと，国のおこりなどを説明するために，『古事記』がまとめられた。
　イ　町人を中心とする文化が生まれ，井原西鶴は，庶民のくらしをありのままに小説にえ
がいた。
　ウ　将軍や武家の有力者により公家の文化と武家の文化の融合がはかられ，金閣が建てら
れた。
　エ　公家の間では，和歌などの朝廷の文化が見直され，『新古今和歌集』がまとめられた。

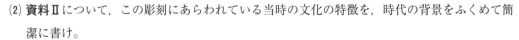
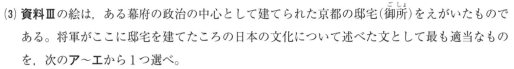
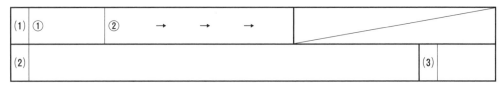

(1)	①		②	→	→	→			
(2)								(3)	

6 右の年表を見て，次の各問いに答えなさい。 〈3点×5〉

(1) 年表中の ┃ A ┃ にあて
はまるできごとを，次
のア～エから1つ選べ。

ア 都に大仏を本尊
とする東大寺が建
てられた。

時代	日本の社会に大きな影響をあたえたできごと
平安	┃ A ┃
鎌倉	a 源頼朝が幕府を開き，武士による新しい政治を始めた。
室町	b 将軍や有力守護大名のあとつぎ問題から応仁の乱がおこった。

イ 加賀国で一向一揆がおこり，約100年間，信徒らの自治が続いた。

ウ 南北朝の対立が約60年間続き，その間に守護大名が大きな力を持つようになった。

エ 平将門が関東で反乱をおこし，自ら新皇を名乗った。

(2) 年表中の下線部aに関連して，次の問いに答えよ。

① 鎌倉時代に幕府がおかれていた場所を，右の地図中
のア～エから1つ選べ。

② 朝廷の勢力回復をはかって挙兵したが，幕府軍に敗
れ，隠岐に流された上皇の名を，漢字で書け。

(3) 年表中の下線部bに関連して，次の問いに答えよ。

① この乱が始まったときの将軍はだれか。

② ①の将軍が建てた建物はどれか。次のア～エから1つ選べ。

 ア 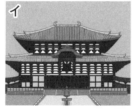 イ  ウ  エ

(1)		(2)①		②		(3)①		②	

---

7 次の各問いに答えなさい。 〈8点×2〉

(1) 右の絵は，京都の町の祭りのようすを示している。15世
紀末にこの祭りを復興し，町
の運営にも関わっていた人々
の職業（身分）についてふれな
がら，この町の運営の特色を
簡潔に書け。

図

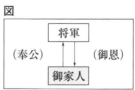

```
        ┌──────┐
        │ 将軍 │
        └──────┘
  (奉公)  ↑ │  (御恩)
        │ ↓
        ┌──────┐
        │御家人│
        └──────┘
```

(2) 右上の**図**の(御恩)の内容を，1つ書け。

（洛中洛外図屏風）

(1)		(2)	

3章 近世の日本

❺世界の拡大と全国統一

重要ポイント

① ヨーロッパ世界の発展

▲新航路の発見と15-16世紀の世界

- ☐ **中世ヨーロッパ** ゲルマン民族の大移動→ローマ帝国の東西分裂→キリスト教の発展…教会の権威が高まる。

- ☐ **十字軍**…**イスラム教徒**から聖地エルサレムを取り戻そうとする。
  - └→イスラム文化との接触 └→地中海やインド洋で交易

- ☐ **ルネサンス(文芸復興)**…ギリシャやローマの文化を学びなおす,学問や芸術における動き。14世紀,イタリアから始まる。ダンテ,レオナルド゠ダ゠ビンチ,ミケランジェロなど。
  - └→『神曲』 └→「モナ゠リザ」 └→「ダビデ像」

- ☐ **新航路の発見**…豊かなアジアの香辛料を求め,直接アジアへ行ける航路を発見。

- ☐ **ヨーロッパの海外進出**…スペインは**アメリカ大陸**,ポルトガルは**アジア**へ進出。
  - └→インカ帝国などを滅ぼす └→中継貿易

- ☐ **宗教改革**…カトリック教会の堕落を批判して,**ルター**,カルバンらが始める(プロテスタント)。カトリック側は,**イエズス会**を結成し,海外(アジアやアメリカ大陸)への布教活動を活発化。
  - └→聖書中心主義

② 天下統一の歩み

- ☐ **ヨーロッパ人の来航** **鉄砲伝来**(1543年)→**キリスト教伝来**(1549年,ザビエル)。
  - └→ポルトガル人が種子島に伝える └→信長が保護する フランシスコ゠ザビエル┘
  - ① **キリシタン大名**…少年使節を派遣。② **南蛮貿易**…ポルトガルやスペインと貿易。
    - └→天正遣欧少年使節 └→ポルトガル人・スペイン人を南蛮人とよんだ

- ☐ **織田信長の統一事業**…桶狭間の戦い→入京→室町幕府を滅ぼす→**長篠の戦い**(足軽鉄砲隊)→**安土城築城**(城下で**楽市・楽座**)→**本能寺の変**で自害。仏教勢力との対決。
  - └→おけはざ 6くいち らくざ └→家臣の明智光秀に倒される └→比叡山延暦寺,一向一揆

- ☐ **豊臣秀吉の全国統一**…信長の事業を受け継ぎ,大阪城を本拠地に全国統一(1590年)。
  - ① 内政…**太閤検地**(武士が農民を支配)と**刀狩**(一揆を防ぐ)で**兵農分離**を進める。
  - ② 外交…**宣教師を追放**(バテレン追放令)。**朝鮮侵略**(文禄の役と慶長の役)。
    - └→貿易は奨励 └→李舜臣などが抗戦。連行された朝鮮の陶工らが焼き物の技術を伝える

③ 桃山文化

- ☐ **桃山文化** 大名らの財力を背景とした豪華で壮大な文化。南蛮文化の影響を受ける。
  - ① 建築…壮大な**天守閣**を持つ城→安土城・大阪城・**姫路城**など。② 絵画…**障壁画**
    - └→世界遺産に登録
  - (**狩野永徳**)。③ その他…**千利休**(侘び茶を大成)。**出雲の阿国**(歌舞伎踊り)。
    - └→「洛中洛外図屏風」「唐獅子図屏風」など

● 信長の統一事業は，長篠の戦いの戦法，楽市・楽座について整理しておこう。
● 秀吉の統一事業は，太閤検地，刀狩，朝鮮侵略などについてよく出題される。
● 桃山文化は，姫路城，唐獅子図屏風などの写真を使った設問が多い。

ポイント 一問一答

①ヨーロッパ世界の発展

☐ (1)1096年から7回にわたり，聖地エルサレムをイスラム教徒から取り戻すためにおこされたキリスト教徒の軍隊は何か。

☐ (2)14世紀のイタリアから始まった，ギリシャやローマのすぐれた文化を学びなおす動きを何というか。

☐ (3)1492年，西インド諸島に到達し，アメリカ大陸発見のきっかけをつくった人物はだれか。

☐ (4)1519～22年，世界周航を達成し，地球が丸いことを証明したのは，だれの艦隊か。

☐ (5)インカ帝国は，どこの国に滅ぼされたか。

☐ (6)16世紀前半，ドイツで宗教改革を始めた人物はだれか。

②天下統一の歩み

☐ (1)1543年，種子島に漂着したポルトガル人は何を伝えたか。

☐ (2)1549年，イエズス会のフランシスコ＝ザビエルが日本に伝えた宗教は何か。

☐ (3)1575年，足軽鉄砲隊を使い，織田信長軍が武田氏の騎馬軍団を破った戦いを何というか。

☐ (4)豊臣秀吉が，年貢を確実に徴収するために実施した土地の調査を何というか。

☐ (5)1588年，秀吉が一揆を防ぐ目的で実施した政策は何か。

③桃山文化

☐ (1)信長や秀吉のころさかえた豪華で壮大な文化を何というか。

☐ (2)世界遺産に登録されている，壮大な天守閣を持つ城は何か。

☐ (3)歌舞伎踊りを始めた人物はだれか。

☐ (4)「洛中洛外図屏風」や「唐獅子図屏風」などの障壁画をえがいた人物はだれか。

☐ (5)侘び茶を大成した人物はだれか。

 答

① (1) 十字軍　(2) ルネサンス　(3) コロンブス　(4) マゼラン　(5) スペイン　(6) ルター

② (1) 鉄砲　(2) キリスト教　(3) 長篠の戦い　(4) 太閤検地　(5) 刀狩

③ (1) 桃山文化　(2) 姫路城　(3) 出雲の阿国　(4) 狩野永徳　(5) 千利休

▶答え　別冊p.11

1 〈ヨーロッパの発展とヨーロッパ人の来航〉
右の写真を見て，次の各問いに答えなさい。

(重要)(1) Ⅰの写真の人物は，16世紀なかばにキリス
ト教を伝えるため来日した。これを見て，
次の問いに答えよ。

① この人物はだれか。

[　　　　　　　　　]

② Ⅰの人物は，カトリック教会の立て直し
の中心となったある教団に属し，鹿児島
や山口などで布教をした。この教団は，何とよばれるか。そのよび名を書け。

[　　　　　　　　　]

(2) Ⅰの人物が日本にやってくる以前に海外でおこったできごとを，次の**ア〜エ**から３つ
選び，年代の古い順に並べよ。　　　　　　　[　　→　　→　　]

ア　コロンブスが西インド諸島についた。　　**イ**　イタリアでルネサンスが始まった。

ウ　イギリスで産業革命がおこった。　　**エ**　ルターによる宗教改革がおこった。

(3) Ⅱにえがかれている南蛮人（なんばんじん）の来航がさかんになった背景には，ヨーロッパ人による新
航路開拓がある。このうち1498年，喜望峰（きぼうほう）を経由してインドに到達した人物名を書け。

[　　　　　　　　　]

(4) Ⅰの人物をはじめ当時の宣教師（せんきょうし）たちが日本にきたおもな目的を，「カトリック教会」と
いう語句を使い，次の空欄をうめる形で書け。

「宗教改革に対抗し，[　　　　　　　　　　　　　　　]ため。」

[　　　　　　　　　　　　　　　　　]

(5) 南蛮貿易について述べた文として最も適切なものを，次の**ア〜エ**から１つ選べ。

ア　南蛮貿易は，イギリス人やオランダ人を相手に行われた。　　　[　　]

イ　南蛮貿易の船に乗って，キリスト教の宣教師が，布教のために日本に来航した。

ウ　南蛮貿易を通して日本にヨーロッパの学問や技術が伝わり，蘭学（らんがく）がおこった。

エ　南蛮貿易は，長崎の出島（でじま）のみが貿易の窓口であった。

(6) Ⅲは，南蛮貿易による言葉の交流を示している。（　）に
あてはまるものを，次の**ア〜エ**から１つ選べ。　　[　　]

ア　英語　　　　　**イ**　中国語

ウ　ポルトガル語　　**エ**　オランダ語

Ⅲ

（　　）	日本語
Castella →	カステラ
Botão →	ボタン
Catana ←	刀
Biombo ←	屏風（びょうぶ）

2 〈全国の統一事業〉

次の各問いに答えなさい。

⚠ミス注意 (1) 次の文は，商工業の繁栄をうながすための法令の一部を口語訳したものである。この法令を定めた人物はだれか。 [　　　　]

> 安土の城下に楽市として命令したので，いろいろな座は撤廃し，さまざまな名目の雑税などはすべて免除する。

(2) 長篠の戦いについて，**資料Ⅰ**をもとにして，**X**側，**Y**側のそれぞれをひきいた戦国大名と，**X**側が取り入れた戦い方がわかるように説明せよ。ただし，**X**側，**Y**側の戦国大名は，語群の中のよび名を使うこと。

資料Ⅰ
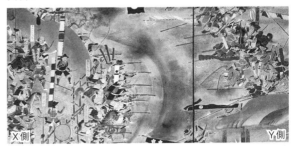
（「長篠合戦図屏風」の一部）

語群　| 武田氏　織田信長 |

[　　　　　　　　　　　　]

⚠ミス注意 (3) **資料Ⅱ**は，豊臣秀吉が武士以外の者から武器を取り上げる目的で出した法令である。この法令を何というか。また，この法令と検地により，秀吉は武士と農民の区別を明らかにした。このことを何というか。そのよび名を漢字4字で書け。

資料Ⅱ
> 一　諸国の百姓が，刀，わきざし，弓，やり，鉄砲，その他武具を所持することを，固く禁止する。

（『小早川家文書』より一部要約）

法令[　　　　]　よび名[　　　　]

3 〈桃山文化〉

次の各問いに答えなさい。

(1) 右の写真の姫路城は，桃山文化の特徴をよく示している。桃山文化はどのような特徴を持つ文化か。簡潔に書け。
[　　　　]

(2) 堺の出身で，茶の湯（侘び茶）を大成した商人はだれか。
[　　　　]

ヒント

1 (4) 宣教師とは，どのようなことを行う人かを考える。
(6) 1543年に鉄砲を種子島に伝えた国の言葉である。
2 (2) 織田軍は当時の最新の武器，武田軍は従来の騎馬隊が主戦力であることに着目する。
(3) この法令に，農民の一揆を防ぐ目的があることに着目する。
3 (1) 天守閣を持つ城は，見る人にどのようなイメージをあたえるかを考える。

標準問題

▶答え　別冊p.12

1 〈天下統一の政策〉
右の**X**は，ある歴史上の人物を示している。話している内容について，次の各問いに答えなさい。

> 私は尾張国を支配していたが，駿河の今川義元を□□□で破ったあと勢力を広げ，1573年に室町幕府を滅ぼした。また，a イエズス会の宣教師たちが熱心に布教していた b キリスト教を保護した。

⚠️ミス注意 (1) □□□にあてはまる戦いを何というか。
[　　　　　　　　　]

🔑重要 (2) 下線部**a**について，イエズス会の宣教師が，キリスト教を伝えるためにアジアへやってきたのは，16世紀はじめ，ドイツのルターたちによって始まったあるできごとに対抗するためである。そのできごととは何か。漢字4字で書け。　[　　　　　　　　　]

(3) 下線部**b**について，人物**X**がキリスト教を保護したのはなぜか，その理由を書け。
[　　　　　　　　　　　　　　　　　　　　　　　　　　　]

(4) 右の**資料Ⅰ**は，この人物**X**が活躍したころの文化を代表する作品である。この絵の作者を，次の**ア**〜**エ**から1人選べ。　[　　　　]

ア　狩野永徳　　　イ　雪舟
ウ　俵屋宗達　　　エ　歌川広重

資料Ⅰ

「唐獅子図屛風」

(5) 右の**資料Ⅰ**の作品がえがかれたころに活躍した人物として，適切なものを，次の**ア**〜**エ**から1人選べ。　[　　　　]

ア　千利休　　　イ　井原西鶴　　　ウ　世阿弥　　　エ　運慶

(6) 人物**X**が行ったこととして正しいものはどれか。次の**ア**〜**エ**から1つ選べ。　[　　　　]

ア　朱子学を重視し，人材の育成をはかった。
イ　勘合という合い札を用いて，明と貿易を行った。
ウ　武士の社会の慣習をまとめた御成敗式目を定めた。
エ　延暦寺を焼き討ちにしたり，一向一揆と対決したりした。

(7) 人物**X**は各地の関所を廃止した。このことが経済にあたえた影響を，簡潔に書け。
[　　　　　　　　　　　　　　　　　　　　　　　　　　　]

差がつく (8) 人物**X**は，近江の安土に城を築き，そこを全国統一の拠点として，さまざまな政策に取り組んだ。その1つに楽市・楽座があるが，この政策の内容と目的について，右の**資料Ⅱ**を参考にして，簡潔に書け。

資料Ⅱ　楽市・楽座を定めた法令

> 安土山下町（城下町）に定める
> 一，この城下町を楽市とする。座の規制や雑税などの諸税はすべて免税する。
> 一，往来する商人は，中山道を素通りせずに，必ず安土に宿泊すること。

（『近江八幡市共有文書』要約・抜粋）

[　　　　　　　　　　　　　　　　　]

2 〈豊臣秀吉の政策〉
次の各問いに答えなさい。

●重要 (1)豊臣秀吉について述べた次の文の □ a □ にあてはまる語句を，漢字2字で書け。また，bの
│ │にあてはまる語句を，**ア～ウ**から1つ選べ。　　　　　a[　　　　　] b[　　]

> 　豊臣秀吉は，一揆を防ぎ，農民を耕作だけに従事させるため，□ a □ を実施し，農民が
> 持っていたやりなどの武器をとりあげた。
> 　また，領土を大陸にまで広げようと考え，b |**ア** 宋　**イ** 明　**ウ** 清| の征服を計
> 画した。

(2)豊臣秀吉の統一政策の内容として適切なものを，次の**ア～エ**から1つ選べ。　　　　[　　]
　ア 太閤検地を行った。　　　**イ** 地租改正を行った。
　ウ 御成敗式目を定めた。　　**エ** 武家諸法度を定めた。

(3)有田焼について，この陶磁器をつくる技術を伝えたのは，外国から連れてこられた陶工たち
であった。彼らは，豊臣秀吉がおこしたあるできごとの際に連れてこられた。このできごと
は何か。また，このできごとの際，秀吉に抵抗した外国の人物を1人答えよ。
　　　　　　　　　　　　　　　　　できごと[　　　　　　　] 人物[　　　　　　]

差がつく (4)宣教師の影響を受けてキリシタンとなる大名がいるなかで，豊臣秀吉は宣教師の国外追放を
命じた。その理由を説明せよ。
[　　　　　　　　　　　　　　　　　　　　　　　　　　　　　　　　　　　　　　　]

3 〈桃山文化〉
次の**ア～エ**の中の写真は，安土桃山時代の文化に関するものである。写真に関する説明が正
しいものを，**ア～エ**から1つ選びなさい。　　　　　　　　　　　　　　　[　　]

ア

出雲の阿国という女性によって能（能楽）が
始められ，庶民の人気を集めた。

イ

城の内部のふすまや屏風は，雪舟がえがい
た金色の絵でかざりたてられた。

ウ

豊臣秀吉に仕えた堺出身の松尾芭蕉は質素な
茶室をつくり，侘び茶を完成させた。

エ

南蛮貿易がさかんに行われ，パン，カステラ
などの言葉も伝えられた。

3章 近世の日本

❻ 幕藩体制と鎖国

重要ポイント

① 江戸幕府の成立

□ **関ヶ原の戦い**（1600年）…**徳川家康**が勝利し，政治の実権をにぎる→**豊臣**氏を大阪の陣で滅ぼす。

□ **江戸幕府の成立**（1603年）…家康が征夷大将軍に任命されて開く。3代**家光**の時代に**幕藩体制**が完成。

　① **幕府**…全国の石高の約4分の1を支配。

　② **藩**…大名の領地とその政治組織。
　　　└→1万石以上の領地をあたえられた武士

□ **大名統制**…**親藩・譜代大名・外様大名**に分け支配。

　① **武家諸法度**…大名を取りしまるための法。

　② **参勤交代**（1635年）…家光のときに制度化→大名の経済力を弱め，反抗を防ぐため。

□ **身分制度**…武士が支配身分。名字・帯刀などの特権。

□ **百姓の統制**…**本百姓**と水呑百姓。**五人組**＝年貢の納入
　　　　　　　　└→庄屋（名主）・組頭・百姓代の村役人
　と犯罪の防止に共同責任。

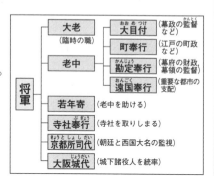

▲江戸幕府のしくみ

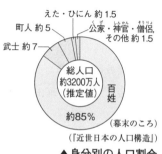

▲身分別の人口割合

（幕末のころ）
（『近世日本の人口構造』）

② 鎖国の完成

□ **朱印船貿易**…家康が奨励→東南アジア各地に**日本町**。

□ **禁教令**…封建支配のさまたげとなるため。

□ **島原・天草一揆**…厳しい禁教と重税に反対しておこす。
　　　└→1637年。この後，キリスト教信者発見のために絵踏などが強化

□ **鎖国の完成**…**オランダ商館を出島に移す**→鎖国の完成。
　　　　　　　　└→1641年。家光の時代

③ 外国や近隣地域との関係

□ **長崎**…**出島**で**オランダ**，唐人屋敷で中国（**清**）と貿易。
　　　　└→キリスト教の布教をしなかったため。オランダ風説書で海外情報を入手

□ **朝鮮**…対馬藩を通して**朝鮮通信使**が来日し，文化交流。
　　　　　　　　　　　└→将軍の代がわりごとに使節を送ってきた

□ **琉球**…薩摩藩に支配されるが，清にも朝貢していた。清の中継貿易。

□ **蝦夷地**…松前藩がアイヌの人々を支配→アイヌの抵抗→**シャクシャインの戦い**（1669年）。交易品で独自の文化→アイヌ模様，狩猟道具。「カムイ」の信仰

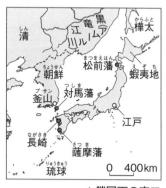

▲鎖国下の窓口

テストでは **ココ**が ねらわれる

●大名の種類と配置については，地図を参照し，参勤交代とも関連づけて整理しておこう。
●鎖国への歩みは，朱印船貿易→禁教令→貿易の制限→鎖国の完成の流れをおさえよう。
●長崎，対馬藩，琉球，松前藩を通しての鎖国下の外国や近隣地域との交流もよく問われる。

ポイント 一問一答

① 江戸幕府の成立

□ (1)1600年におこった，「天下分け目の戦い」とよばれる戦いを何というか。

□ (2)幕府と藩の力で全国の土地と人民を支配するしくみを何というか。

□ (3)江戸幕府において，朝廷や西国大名の監視を行った役職を何というか。

□ (4)1615年，大名統制のために制定された法を何というか。

□ (5)江戸時代には大名は3種類に分けられたが，譜代大名，外様大名ともう1つを何というか。

□ (6)参勤交代を制度化した将軍はだれか。

□ (7)土地を持つ百姓を，水呑百姓に対して何というか。

□ (8)百姓の犯罪の防止や，年貢納入に共同責任を負わせるための制度を何というか。

② 鎖国の完成

□ (1)家康が渡航許可証をあたえて奨励した貿易を何というか。

□ (2)1612年，直轄領に出された，キリスト教を禁止した法令を何というか。

□ (3)島原・天草一揆の後，キリスト教信者の発見のために強化されたことを何というか。

□ (4)鎖国が完成したとされるのは，西暦何年か。

③ 外国や近隣地域との関係

□ (1)オランダとの貿易が行われた，長崎港内の人工島を何というか。

□ (2)江戸幕府と朝鮮との仲介を任された藩はどこか。

□ (3)将軍の代がわりごとに来日した，朝鮮からの使節を何というか。

□ (4)アイヌの人々との交易を行っていた藩はどこか。

□ (5)1669年におこったアイヌの人々による反乱の中心人物は誰か。

 答

① (1)関ヶ原の戦い　(2)幕藩体制　(3)京都所司代　(4)武家諸法度　(5)親藩
　 (6)徳川家光　(7)本百姓　(8)五人組
② (1)朱印船貿易　(2)禁教令　(3)絵踏　(4)1641年
③ (1)出島　(2)対馬藩　(3)朝鮮通信使　(4)松前藩　(5)シャクシャイン

基礎問題

▶答え　別冊p.13

1 〈江戸幕府の成立と大名統制〉

次の各問いに答えなさい。

(1) 右のカードについて，次の問いに
答えよ。

a
戦国時代に，三河国で生まれた武将です。関東を領地として勢力をのばし，（ b ）では石田三成らを破りました。征夷大将軍に任命され，c江戸に幕府を開きました。

（ a の肖像画）

① カードの a にあてはまる歴
史上の人物はだれか。
[　　　　　　　]

② カードの（ b ）にあてはまる戦いを何というか。　[　　　　　　　　]

重要 ③ 下線部cについて，江戸幕府は大名統制を行うためのさまざまな制度を定めたが，
次の文で述べられている制度は何か。　[　　　　　　　　]

> 幕府は，大名に1年ごとに江戸と領地を行き来させ，妻や子は江戸の屋敷に住まわせた。そのため，多くの費用がかかることになり，大名にとって重い負担になった。

ミス注意 (2) 江戸幕府は，どのように大名を
配置したか。右の**資料**を参考に
して次の（　）にあてはまる語
句を書け。

①[　　　　　　　]
②[　　　　　　　]

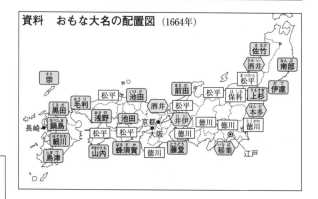

資料　おもな大名の配置図（1664年）

> ①（　　）は，江戸などの重要
> な地域に近い場所に配置された。
> ②（　　）は，江戸から遠く離
> れた場所に配置された。

2 〈百姓の統制〉

**右の資料は，江戸幕府の要人が書いた
とされる文献の一部を要約したもの
である。百姓を支配することが江戸幕
府にとって重要であったと考えられ
る理由を，江戸幕府の財政上の特徴がわかるように，簡潔に書きなさい。**

> 百姓はこの世で一番大切である。百姓をおさめるにはこつがいる。まず百姓一人ひとりの田地の境界を明らかにし，そして1年に必要な種や食料を計算させて，その余りを年貢として取るべきである。百姓は財産が余らないように，不足のないようにおさめるのがよいやり方である。　（『本佐録』より，一部を要約）

[　　　　　　　　　　　　　　　　　　　　　　　　　　]

3 〈鎖国の完成と4つの窓〉
次の各問いに答えなさい。

(1) 右の**資料Ⅰ**は，わが国の商船であることを証明する文書である。この文書について述べた次の文中の　X　，　Y　にあてはまる語句の組み合わせとして最も適切なものを，下の**ア～エ**から1つ選べ。　[　　]

資料Ⅰ

　大名や商人は，　X　とよばれるこの文書によって，わが国の商船であることが証明された船を用いて，貿易を行った。貿易がさかんになるにつれて，多くの日本人が海外にわたり，　Y　の各地には日本町ができた。

ア X 朱印状　Y 東南アジア
イ X 朱印状　Y ヨーロッパ
ウ X 勘合　Y 東南アジア
エ X 勘合　Y ヨーロッパ

資料Ⅱ
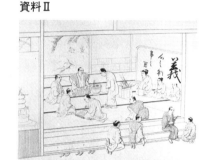
（オランダ国立ライデン民族学博物館蔵）

(重要)(2) 江戸幕府による鎖国政策やキリスト教禁止策が強まるなか，1637年から翌年にかけて，重い年貢やキリスト教への弾圧に抵抗する農民たちがおこした大規模な一揆は何か。　[　　　　]

(3) 資料Ⅱは，鎖国が完成したころに，(2)の一揆の影響もあって，九州地方などでいっそう厳しく行われるようになった取り調べのようすをえがいたものである。これは何とよばれる取り調べを行っているところか。その目的とともに，簡潔に書け。
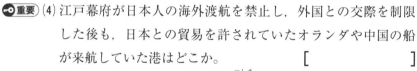
[　　　　　　　　　　　]

(重要)(4) 江戸幕府が日本人の海外渡航を禁止し，外国との交際を制限した後も，日本との貿易を許されていたオランダや中国の船が来航していた港はどこか。　[　　　　]

資料Ⅲ　使節の行列の様子

(重要)(5) 資料Ⅲにえがかれた使節は，対馬を経由して江戸に何度もやってきた。この使節を何というか。　[　　　　]

(6) 薩摩藩に事実上支配されながら，中国にも朝貢していた国の名を書け。　[　　　　]

 ヒント

1 (2)②は，1600年の戦いの前後に徳川氏にしたがった大名で，力も強かった。
2 武士の生活を支えていたのは，百姓（農民）がつくる年貢米だった。
3 (1) 日本町はアユタヤやプノンペンなどに形成された。
　(3) 中央の人物が踏んでいるのは，キリストやマリアの像である。

1 〈江戸幕府と大名統制〉
次の各問いに答えなさい。

(1) 江戸幕府が経済力を強めるために行った政策のうちの2つを，それぞれ「おもな都市や鉱山」と「貨幣」の語句を使って書け。
[　　　　　　　　　　　　　] [　　　　　　　　　　　　　]

(2) 次のア〜エのうち，武家諸法度の説明として，適切なものを1つ選べ。　　[　　　]

　ア　家臣の婚姻や相続の許可制，けんか両成敗など，領国内の武士の行動を取りしまった。

　イ　仏教や儒教の考え方を取り入れ，天皇の命令に従うべきことなど役人の心得を示した。

　ウ　武士の社会の慣習にもとづいて，公平な裁判の基準を示した。

　エ　大名同士が無断で婚姻関係を結んだりすることを禁止した。

(3) 武家諸法度において，幕府が大名に禁止したことのうち，城に関するきまりの内容を簡潔に書け。
[　　　　　　　　　　　　　　　　　　　　　　　　　　]

(4) **資料I**は，松江藩における支出の内訳を示したものである。資料にあるように，江戸での費用が必要なのはなぜか。3代将軍徳川家光が武家諸法度で定めた制度にふれて，簡潔に書け。

[　　　　　　　　　　　　　　　　　　　　　]

差がつく (5) 江戸幕府が(4)で答えた制度を定めたことについて，幕府のねらいは何か。**資料II**からわかることを，簡潔に書け。

[　　　　　　　　　　　　　　　　　　　　　]

資料I　松江藩における支出の内訳　(1797年)

その他の費用 2.9
道中での費用 3.3
藩内での費用 19.2
江戸での費用 28.0
武士の給与 46.6%

総支出額14万2,253両
(『出入捷覧』ほかより作成)

資料II　佐賀藩の支出 (1665年)

藩支出の内訳	費用
往復の旅費	約11億3,280万円
江戸での経費	約17億5,548万円
国元での経費	約2億1,336万円
計	約31億164万円

※1両＝約12万円で換算
(『図説日本史』より作成)

2 〈江戸時代初期の外交〉
次の各問いに答えなさい。

(1) 江戸時代の初期には，西国の大名や大商人が，幕府から朱印状をあたえられた船で貿易を行ったので，海外に住みつく日本人が増えた。東南アジア各地に形成された，多くの日本人が住んでいた町を何というか。　　[　　　　　　　　]

(2) 江戸幕府がオランダ船や中国船との貿易を長崎の出島に制限したころ，オランダ船や中国船が日本に多くもたらしたものは何か。最も適当なものを，次のア〜エから1つ選べ。[　　　]

　ア　鉄砲　　イ　聖書　　ウ　銀　　エ　生糸

3 〈鎖国への歩み〉
次の各問いに答えなさい。

(1) 右の**表**は，近世のキリスト教にかかわるわが
国のおもなできごとを，年代順に並べたもの
である。島原・天草一揆がおこったのは，表
の**ア〜エ**のどの時期か。1つ選べ。　[　　　]

表

○フランシスコ＝ザビエルが布教を始める	┐
○天正遣欧少年使節が派遣される	ア
○豊臣秀吉が宣教師の国外追放を命じる	イ ウ
○徳川家康がキリスト教を禁止する	エ
○幕府がポルトガル船の来航を禁止する	┘

(2) 島原・天草一揆には，2つの要因があった。そ
の1つは領主による無理な年貢の取り立てで
あるが，もう1つの要因を，表を参考にして，簡潔に書け。
[　　　　　　　　　　　　　　　　　　　　　　　　]

A班が作成している新聞

a 家康　征夷大将軍となる
江戸に幕府ひらく

b ポルトガル人を長崎から追放
約100年の交流に幕

江戸時代新聞

(3) 江戸幕府が鎖国を行ったのは，貿易を統制することのほ
かに，どのような目的があったか。表を参考にして，簡
潔に書け。
[　　　　　　　　　　　　　　　　　　　　　　　　]

(4) 右の江戸時代新聞について，次の問いに答えよ。

① 下線部**a**について，このできごとによって江戸時代が
始まったとすると，江戸時代は何世紀に始まり何世紀
に終わったか。　[　　　世紀〜　　　世紀]

② 下線部**b**について，Bさんは，この記事の一部として，
ポルトガル人追放後の，絵にえがかれているおうぎ形
の島のことを書くことになった。Bさんのメモにした
がって，記事の文章を簡潔に書け。

[　　　　　　　　　　　　　　　　　　　　　　　　　　]

新聞中に用いる絵

Bさんのメモ

- おうぎ形の島の名称を入れる。
- この島に掲げられている旗を
国旗とする国の名前を入れる。
- 幕府が，この島をヨーロッパ
との唯一の交流の窓口とした
ねらいにふれる。

4 〈鎖国下の4つの窓〉
次の各問いに答えなさい。

ミス注意 (1) 右の地図は，江戸時代に3つの藩が外国との交流や交易
を行っていた地域を示したものである。これらの3つの
藩の名を，それぞれ書け。　①[　　　　　　]
②[　　　　　　]　③[　　　　　　]

(2) 1669年のシャクシャインの戦いは，シャクシャインを中
心とする人々と松前藩との間でおこったものである。右
の地図の**ア〜エ**のうち，松前藩のあった場所として最も
適当なものはどれか。1つ選べ。　[　　　]

(3) 地図中の**P**の出島での貿易を許されていたヨーロッパの国はどこか。その国名を書け。

[　　　　　　]

❼産業の発達と幕府政治の変化

重要ポイント

①産業の発達と都市の繁栄

□ **農業の発達**…備中ぐわ，**千歯こき**などの発達→新田開発，耕地が約2倍に増える。

□ **交通の発達**…五街道，菱垣廻船・樽廻船，東廻り航路・西廻り航路など。

□ **三都の繁栄**…① 江戸…「将軍のおひざもと」。人口が100万人をこえる。② 大阪…「**天下の台所**」，蔵屋敷の設置。③ 京都…学問や文化の中心。西陣織など。

②文化と学問・元禄文化と化政文化

□ **元禄文化**…上方を中心に町人が担い手。

□ **化政文化**…江戸を中心に庶民が担い手。

□ **新しい学問**

① **徳川綱吉**…上下関係を重視する朱子学を奨励。② **国学**…**本居宣長**が大成→『古事記伝』③ **蘭学**…オランダ語で西洋の学問を学ぶ。杉田玄白らの『解体新書』。伊能忠敬の日本地図。④ 教育の広がり…藩校。寺子屋。
└庶民が読み・書き・そろばんを学ぶ┘

元禄文化	井原西鶴…浮世草子 近松門左衛門…人形浄瑠璃 松尾芭蕉…俳諧の大成 尾形光琳…装飾画 菱川師宣…浮世絵
化政文化	葛飾北斎…「富嶽三十六景」 歌川広重…「東海道五十三次」 喜多川歌麿…美人画

▲元禄文化と化政文化

③江戸の政治改革

□ **享保の改革**(1716〜45年)…**徳川吉宗**。目安箱の設置，公事方御定書の制定など。
└8代将軍

□ **田沼の政治**…老中**田沼意次**。株仲間の奨励→特権をあたえるかわりに営業税を徴収。長崎貿易の奨励。印旛沼の干拓。**天明のききん**をきっかけに失脚。

□ **寛政の改革**(1787〜93年)…老中**松平定信**。武士に朱子学を学ばせる。旗本や御家人の借金取り消し。政治批判の禁止・出版の取り締まり。

④外国船の接近と天保の改革

□ **外国船の接近**→異国船打払令(1825年)

□ **大塩の乱**…大塩平八郎が蜂起。

□ **天保の改革**…水野忠邦。倹約令，株仲間の解散，風俗の取り締まり。

・1792年 ロシア
ラクスマン，根室に来航
・1796年 イギリス
室蘭に来航し，沿岸を測量
・1811年 ロシア
幕府の役人が，露艦艦長
ゴローニンを国後で逮捕
・1804年 ロシア
レザノフ来航
・1808年 イギリス
フェートン号侵入
・1844年 オランダ
国王使節来航
・1845年
イギリス船来航
・1849年
アメリカ船来航
・1853年 ロシア
プチャーチン来航
・1817年
イギリス船来航
・1837年 アメリカ
モリソン号来航
・1853年 アメリカ
ペリー来航
・1816年
イギリス船来航
・1844年
フランス船来航
・1845年
イギリス船来航
・1853年 アメリカ
ペリー来航

▲外国船の来航

● 三都や五街道，航路は，地図を使っての設問が多いので，確認しておくこと。
● 元禄文化は，文学の近松門左衛門と松尾芭蕉，浮世絵の菱川師宣に関する出題が多い。
● 享保の改革は，内容のほか，百姓一揆との関連でも問われることがある。

ポイント 一問一答

① 産業の発達と都市の繁栄

□ (1)江戸時代に改良された農具で，おもに脱穀に用いられた農具を何というか。

□ (2)江戸時代に発達した，日本橋を起点とした交通路を何というか。

□ (3)大阪は，年貢米や地方の特産物などが集まり，商業の中心地ということで何と呼ばれていたか。

② 文化と学問・元禄文化と化政文化

□ (1)京都や大阪など上方を中心にさかえた文化を何というか。

□ (2)『曽根崎心中』など人形浄瑠璃や歌舞伎の脚本を書いた人物はだれか。

□ (3)江戸を中心にさかえた町人文化を何というか。

□ (4)『解体新書』の出版などによってさかんになった，オランダ語で西洋の文化などを学ぶ学問を何というか。

□ (5)諸藩につくられた，藩士が学んだ学校を何というか。

③ 江戸の政治改革

□ (1)1716～45年に8代将軍が行った政治改革を何というか。

□ (2)(1)の改革では，裁判の基準となる法律が定められたが，これを何というか。

□ (3)1772年，老中となり，株仲間の奨励などを行った人物を何というか。

□ (4)(3)の人物が失脚するきっかけとなったききんを何というか。

④ 外国船の接近と天保の改革

□ (1)1825年に出された，外国船の撃退を命じた法令は何か。

□ (2)1837年，大阪で反乱をおこした幕府の元役人はだれか。

□ (3)1841年，天保の改革を始めた老中はだれか。

答

① (1)千歯こき (2)五街道 (3)天下の台所
② (1)元禄文化 (2)近松門左衛門 (3)化政文化 (4)蘭学 (5)藩校
③ (1)享保の改革 (2)公事方御定書 (3)田沼意次 (4)天明のききん
④ (1)異国船打払令 (2)大塩平八郎 (3)水野忠邦

1 〈農業，交通と都市の発達〉

次の各問いに答えなさい。

(1) 右の資料の農具は，江戸時代に用いられるようになったものである。これらは農業の発達にどのような役割を果たしたか。簡潔に書け。

[　　　　　　　　　]

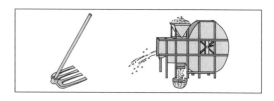

(2) 大阪には，江戸時代に多くの大名などによって年貢米や特産物が運びこまれ，それらを保管し販売するための，右の図のような施設がおかれた。この施設を何というか。　　　[　　　　　　]

(3) 江戸時代には交通路の整備が進められた。このうち，東海道など江戸を起点とした主要な道をまとめて何というか。　　　[　　　　　　]

□□□のにぎわい

2 〈江戸時代の文化と教育〉

次の各問いに答えなさい。

(1) 元禄文化について，次の問いに答えよ。

① 元禄文化の中心となった都市を，右の地図のa〜dから1つ選べ。　　　[　　　]

② 元禄文化に活躍した人物について述べているものを，次のア〜エから1つ選べ。　　[　　　]

ア　松尾芭蕉が俳諧の芸術性を高めた。

イ　出雲の阿国が歌舞伎踊りを始め，庶民の人気を集めた。

ウ　千利休が「侘び茶」を完成させた。

エ　禅宗の雪舟が明から帰国し，水墨画を大成した。

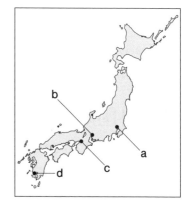

(2) 化政文化がさかえた時期に，同じ錦絵を大量に作ることができるようになった理由を，簡潔に書け。[　　　　　　　　　　　　　　　　　　　　　　　　　　]

(3) **資料Ⅰ**の藩校で教えられ，幕府が政治の安定をはかるために奨励した学問を何というか。　　　[　　　　　　]

資料Ⅰ

	開設総数	おもに学んだ人々
藩校（1624〜1867年）	241校	武士の子

（『日本史小百科　学校』より作成）

(4) **資料Ⅱ**は，ある教育機関の開設数の増加を示している。ここで学んだのは，おもにどのような人々の子か。次の**ア～エ**から2つ選べ。

[　][　]

資料Ⅱ

（開設数）
5,000
4,000
3,000
2,000
1,000
0

1624　1781　1804　1818　1830　1844　1854年
1780　1803　1817　1829　1843　1853　1867年

（『日本史小百科　学校』より作成）

ア 百姓（ひゃくしょう）　　**イ** 旗本（はたもと）　　**ウ** 公家（くげ）
エ 大名（だいみょう）　　**オ** 町人（ちょうにん）

---

3 〈江戸時代後半の政治の動き〉

右は，歴史の資料について調べ学習を行い，調べたことをまとめたものである。これについて，次の各問いに答えなさい。

●重要 (1) 表の［　　　　］にあてはまる改革を何というか。　　　　　　　　[　]

(2) 下線部が行った政策について述べた文を，次の**ア～エ**から1つ選べ。[　]

歴史の資料	調べたこと
白河（しらかわ）の清きに魚のすみかねて　もとの濁（にご）りの田沼（たぬま）こひしき	これは，江戸時代に行われた［　　　　］を風刺（ふうし）した狂歌（きょうか）です。田沼意次（おきつぐ）のあとに老中（ろうじゅう）となった白河藩の松平定信（まつだいらさだのぶ）は，農村の立て直しや質素・倹約を目標に，改革を厳しく行いました。

ア 株仲間（かぶなかま）を結ぶことを奨励（しょうれい）し，営業税を徴収（ちょうしゅう）した。

イ 裁判の基準として，公事方御定書（くじかたおさだめがき）を定めた。

ウ 日本に近づく外国船に備えて，異国船打払令（いこくせんうちはらいれい）を出した。

エ 大名や商人に，外国との貿易を認めることを証明する朱印状（しゅいんじょう）をあたえた。

---

4 〈外国船の接近と幕府政治の動き〉

右のカードを見て，次の各問いに答えなさい。

(1) 大黒屋光太夫（だいこくやこうだゆう）らが漂着（ひょうちゃく）した国の使節は，根室に来航し，通商を求めた。その使節を派遣した国はどこか。　[　]

●重要 (2) 大黒屋光太夫らが帰国したころ，日本の沿岸には，外国船がたびたびあらわれるようになった。上の**資料**は，こうした動きを警戒した幕府が出した法令の一部である。この法令を何というか。[　]

資料

すべての海辺の村々では，西洋諸国の船が近づいてくるのを発見したならば，……迷うことなく，撃退することを心がけ，機会を逃さないように対応することが大切である。

（『御触書天保集成』から作成）

〈カード〉

大黒屋光太夫（左）

〈調べた内容〉

大黒屋光太夫らが，漂着した外国から帰国した。

(3) (2)の法令が緩和（かんわ）されたのは，何という改革のときか。　[　]

ヒント

1 (1) これらの農具によって効率が上がった。

3 (1) 「白河の」とは白河藩主であった，この改革を行った松平定信を表している。

4 (1) 使節はラクスマンで，日本の北方にあった国から派遣された。

標準問題

▶答え　別冊p.16

1 〈農村の変化と幕府(ばくふ)の改革〉

右の資料を見て，次の各問いに答えなさい。

差がつく (1) 江戸(えど)時代の中ごろから，資料にあるような紅花(べにばな)や，綿，菜種(なたね)などが商品作物として農村で栽培(さいばい)されるようになり，農村に経済上の変化がおこった。その変化とはどのようなことか。簡潔に書け。

[　　　　　　　　　　　　　　　　　　　　　　　　　　　　　　　]

(2) 8代将軍の徳川吉宗(とくがわよしむね)が行ったことについて述べた文として最も適切なものを，次の**ア**〜**エ**から1つ選べ。　　[　　　]

ア 土一揆(どいっき)の要求に応じて，土地(つち)の返却や借金の帳消しなどを命じる法令を出した。

イ 江戸に流入していた農民を強制的に村へ帰らせたり，株仲間(かぶなかま)の解散を命じたりした。

ウ 天明(てんめい)の大ききんのあと，凶作(きょうさく)やききんに備えるため，農村に米をたくわえさせた。

エ 財政の安定のために年貢(ねんぐ)の取り方を変えたり，裁判の基準となる法令集をまとめた。

2 〈元禄(げんろく)時代の政治と文化〉

次の各問いに答えなさい。

(1) 次の文中の □□□□ にあてはまる文として最も適当なものを，下の**ア**〜**エ**から1つ選べ。

[　　　]

> 徳川綱吉(つなよし)は，質を落とした金貨・銀貨を大量に発行することで幕府の財政難を切りぬけようとした。また，□□□□□□□□。

ア 新田の開発をすすめ，年貢の率を引き上げるとともに，裁判の基準となる公事方御定書(くじかたおさだめがき)を制定した

イ 農民を故郷に帰すなど農村の立て直しをめざして改革をすすめ，旗本(はたもと)や御家人(ごけにん)の生活を救うため，借金を帳消しにした

ウ 商工業者が株仲間を結ぶことをすすめ，長崎での貿易を拡大したが，一方でわいろがさかんになって政治が乱れた

エ 儒学(じゅがく)をさかんにして政治のひきしめを行う一方で，生類憐(しょうるいあわれ)みの令という極端(きょくたん)な動物愛護令を出した

(2) 「閑(しず)かさや岩にしみ入る蟬(せみ)の声」という句をよみ，俳諧(はいかい)(俳句)を芸術の域にまで高めた人物を，次の**ア**〜**エ**から1人選べ。　　[　　　]

ア 滝沢(曲亭)馬琴(たきざわ(きょくてい)ばきん)　　**イ** 近松門左衛門(ちかまつもんざえもん)

ウ 松尾芭蕉(まつおばしょう)　　**エ** 本居宣長(もとおりのりなが)

56

3 〈幕府政治の動き〉

次の各問いに答えなさい。

(1) 右の**まとめ**は，田沼意次のおもな政策をまとめたものである。まとめを参考にして，田沼意次の財政再建策の特徴を，「年貢」と「商人」の2つの語を用いて簡潔に書け。

まとめ

田沼意次の政策
・株仲間を奨励して特権をあたえる。 ・長崎貿易を活性化させて輸出を奨励する。

[　　　　　　　　　　　　　　　　　　　　　]

(2) 次の文は，松平定信が行った政策について述べたものである。文中の 　　　 に適当な言葉を書き入れて文を完成させよ。ただし， 　　　 には，「旗本」「御家人」「札差」の3つの語句をふくめること。

● 松平定信は，倹約令を出すとともに， 　　　　　 を帳消しにした。

[　　　　　　　　　　　　　　　　　　　　　]

(3) 田沼意次と水野忠邦は，株仲間に対してそれぞれどのような政策を行ったか。2人の政策のちがいがわかるように，簡潔に書け。

[　　　　　　　　　　　　　　　　　　　　　]

4 〈外国船の接近〉

19世紀前半，あいつぐ外国船の接近に対して，江戸幕府はその対応を示した法令を出した。右の資料を読んで，次の各問いに答えなさい。

⚠ミス注意 (1) 　P　 には，江戸幕府の外国船への対応の仕方が，**資料Ⅰ**から**資料Ⅱ**へ変わる原因となった戦争の名称が入る。中国がイギリスに敗れたこの戦争を何というか。

[　　　　　]

差がつく (2) 江戸幕府の外国船への対応の仕方は，**資料Ⅰ**から**資料Ⅱ**へどのように変わったか。「はじめは」という書き出しで，45字程度で説明せよ。

[はじめは　　　　　　　　　　　　　　　　　　　　　　　]

資料Ⅰ　1825年に出された法令

> どこの港においても，外国船が入港するのを見たときは，有無を言わさず打ち払え。逃亡したら追う必要はない。もし強引に上陸したならば，つかまえるか，または打ち殺してもさしつかえない。

（『徳川禁令考』より一部要約）

　P　

資料Ⅱ　1842年に出された法令

> 外国船であっても，暴風にあい漂流して，食料や水を求めてきた場合，事情のわからないまま打ち払うのは適当な処置とはいえない。よく事情を調べ，希望する品をあたえて，帰国するように言い聞かせよ。

（『徳川禁令考』より一部要約）

実力アップ問題

1 次の年表を見て次の各問いに答えなさい。

〈(1)記号・(2)4点×2，(1)回答6点〉

(1) 年表中の下線部①に関して，右に示すの
は，豊臣秀吉，織田信長，徳川家康の3
人が行った政策について，インタビュー
風にまとめたものである。**質問1**，**質問
2**に対する秀吉の回答の組み合わせを，
下の**ア〜カ**から1つ選べ。また，**質問3**
の回答として，□□□□に入る内容を簡潔
に書け。

西暦	できごと
1590	↑豊臣秀吉が①全国を統一する。
	Ａ
1787	↓寛政の改革が始まる。

ア aとd　**イ** aとf　**ウ** bとe
エ bとf　**オ** cとd　**カ** cとe

質問1「諸国をおさめるために，どんな工夫をしましたか。」
a 「私は一部のものが市場を支配し，営業権を独占し
ていたのではいけないと考え，安土の城下で楽市を
進めました。」
b 「私はものさしやますを統一したうえで，全国の田
畑の広さや収穫高を調べさせました。」
c 「私は全国の石高の約4分の1におよぶ土地を領地
とし，重要都市とともに，佐渡や生野などの鉱山を
直接におさめました。」

質問2「海外との関係については，どのようにしましたか。」
d 「私はキリスト教を保護し，宣教師たちとともにく
る商人たちとの貿易を進めました。」
e 「私は朱印船貿易をさかんにしました。これにとも
ない，東南アジアの各地には日本町ができました。」
f 「私は明を征服しようと考えて，2度にわたって朝
鮮に大軍を送りました。」

質問3「最後に，秀吉さんは，
右の資料にあるようなきまり
をつくりましたね。このきま
りのねらいは何ですか？」

秀吉「□□□□□□□□□□」

資料
一　諸国の百姓が刀や
わきざし，弓，やり，
鉄砲，そのほかの武
具などを持つことを
かたく禁止する。

(2) 年表中の**Ａ**の時期には，さまざまな産業が発達
し，各地に特産物が生まれた。図は，染料とし
て使用される最上地方(山形県)の特産物を加工
しているようすである。この特産物を何という
か。次の**ア〜エ**から1つ選べ。
ア 紅花　**イ** 麻　**ウ** 綿　**エ** 油菜

(1)	記号		回答		(2)	

2 次の文に述べられているできごとがあった位置としてあてはまるものを，地図中の**ア〜エ**から
1つ選びなさい。

〈4点〉

豊臣秀吉の死後，第一の実力者となった徳川家康を中
心とした大名と，豊臣の政権を守ろうとした石田三成を
中心とした大名とが，1600年にこの地で戦い，家康が勝
利した。この地での戦いは，家康が征夷大将軍になって
江戸幕府を開き，長く国内秩序を安定さ
せる時代をもたらすきっかけとなった。

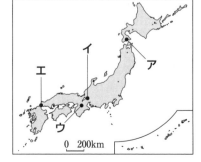

0　200km

3 18世紀から19世紀にかけての政治の流れをあらわした下の図を見て，次の各問いに答えなさい。

〈4点×5〉

図　政治の流れ

A		B		C		D
享保の改革	→	田沼時代	→	寛政の改革	→	天保の改革

(1) この時代，世相を皮肉る，右にあげるような形式の歌が民衆の間に流行していた。このような歌を，次のア～エから1つ選べ。

　　ア　俳句　　イ　狂歌　　ウ　短歌　　エ　連歌

(2) Aの改革を行った中心人物はだれか。漢字で答えよ。

(3) Bの時代において，商工業者に対して積極的に結成が奨励された組織を答えよ。

(4) Cの改革で行われた政策について述べたものを，次のア～エから1つ選べ。

　　ア　江戸や大阪周辺の大名・旗本領の農村を幕府の領地にしようとして，大名・旗本の反対にあった。

　　イ　長崎をとおして，銅や海産物をさかんに輸出し，金・銀を輸入した。

　　ウ　農村に蔵を設けて米をたくわえさせた。

　　エ　参勤交代をゆるめて，そのかわりに幕府に米を献上させた。

(5) Dの改革前に，この時代の三都の1つに数えられた都市で大塩の乱がおこった。その都市はどこか。

年号は　安く永くとかわれども　諸色たかくて　今に明和九

（注）明和九（一七七二）年は，途中から安永元年に変わった。また，諸色とは，物価のことである。

(1)		(2)		(3)		(4)		(5)	

4 次の各問いに答えなさい。

〈4点×3〉

(1) 次の文は，ある港町について説明したものである。これについて，下の問いに答えよ。

> 　この都市は，室町時代に勘合貿易で発展し，戦国時代には，南蛮貿易の拠点として，また鉄砲の生産地としてさかえたが，のちに織田信長によって支配された。この都市について，来日した宣教師たちは，「ベニスのような自治都市である」とローマに報告している。

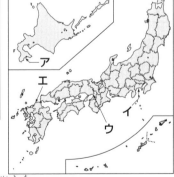

① この文が説明している都市名を答えよ。

② ①の都市の位置を右の地図中のア～エから1つ選べ。

(2) 右のような日本地図は，江戸時代に作成された「大日本沿海輿地全図」をもとにしてつくられている。この「大日本沿海輿地全図」を作成した人物を，次のア～エから1人選べ。

　　ア　本居宣長　　　イ　滝沢馬琴
　　ウ　伊能忠敬　　　エ　杉田玄白

(1)	①		②		(2)	

5 右のカードについて，次の各問いに答えなさい。 〈4点×4〉

(1) カードAの[　　　]にあてはまる宗教団体の名称を書け。

(2) カードAのザビエルの布教活動は，世界のどのことがらと関係があるか。最も適するものを，次から1つ選べ。

　ア　ルネサンス　　イ　新航路の開拓
　ウ　宗教改革　　　エ　産業革命

(3) カードAの下線部aに関して，次のア〜ウのできごとを古い順に並べたとき，2番目になるものを選べ。

　ア　ポルトガル船の来航が禁止され，オランダ商館は平戸から長崎の出島に移された。
　イ　領主によるキリスト教徒の取りしまりと重い年貢の取りたてに対して，島原・天草一揆(島原の乱)がおこった。
　ウ　豊臣秀吉は，国内統一のさまたげとなると考えて，宣教師の国外追放を命じた。

(4) カードBの下線部bに関して，次の1〜4のうち，この時代の文化を説明したものの組み合わせとして最も適するものを，次のア〜エから1つ選べ。

　ア　1と3　　イ　1と4
　ウ　2と3　　エ　2と4

カードA

[　　　]の宣教師フランシスコ＝ザビエルは，鹿児島に上陸し日本でaキリスト教の布教を行った。

カードB

b江戸時代の後期になると，寺社参詣を目的とした庶民の旅がさかんになった。

1　観阿弥と世阿弥の親子が，能(能楽)を大成した。
2　近松門左衛門が，人形浄瑠璃の台本を書いた。
3　千利休が，侘び茶を大成した。
4　歌川広重が，浮世絵で風景画をえがいた。

(1)		(2)		(3)		(4)	

6 右の資料を見て，次の各問いに答えなさい。 〈(1)7点，(2)4点〉

(1) 資料中の[　　　]に適当なことがらを，「入荷」，「出荷」の2つの語句を用いて，簡潔に書け。ただし，具体的な入荷品名・出荷品名は書かないこと。

(2) 下線部に関連して，そのころのことがらとして最も適当なものを，次のア〜ウから1つ選べ。

　ア　杉田玄白らが，オランダ語の人体解剖書を出版した。
　イ　狩野永徳が，はなやかな色彩のふすま絵をえがいた。
　ウ　井原西鶴が町人の生活などを小説に書いた。

資料　近世の都市

にぎわう大阪の港

大阪の出入商品(17世紀)

入荷品	出荷品
米	菜種油
菜種	…
…	しょう油
…	…
大豆など	酒など

(『流通史I』他より作成)

〈「天下の台所」大阪〉
諸藩の蔵屋敷がおかれ，全国から米などが運びこまれた大阪は，「天下の台所」とよばれ，全国の商業の中心地でした。また，上の表を見ると，[　　　　　　]ことから工業も盛んであることがわかりました。さらに，17世紀の末ごろから18世紀のはじめにかけて大阪・京都を中心に庶民中心の文化が発達しました。

(1)	(2)

7 次の各問いに答えなさい。

〈(1)①・(2)4点×3，(1)②7点〉

(1) 右の資料を読んで，次の問いに答えよ。

① 資料の下線部に「田畑」とあるが，この時代，田畑の予想される生産量を米の量であらわしたものは，何とよばれたか。そのよび名を書け。

> 一．田畑にたばこをつくってはいけない。
> 一．水田に木綿をつくってはいけない。
> 一．田畑に灯油用に菜種を作ってはいけない。
> （『徳川禁令考』より）

② 資料は江戸幕府が農民に対して，たばこ，木綿，菜種を自由に栽培することを禁止した法令である。江戸幕府がこの法令を出したのはなぜか。その理由を「年貢」という言葉を用いて，簡潔に書け。

(2) 江戸時代の社会や文化について，次の問いに答えよ。

① 右の絵は，歌川広重がえがいた「日本橋」である。江戸時代には，江戸の日本橋を起点に，東海道などの五街道が整備されたが，江戸時代の交通や産業の発達について述べたものとしてあてはまらないものを，次のア～ウから1つ選べ。

ア 備中ぐわや踏車などの農具の進歩，農業の技術書による技術の普及や新田開発により，農業生産力が高まった。

イ 西廻り航路や東廻り航路が開かれ，東北地方や北陸地方の米が都市に輸送された。

ウ 都と多くの国に区分された地方を結ぶ道路が整えられ，国司などの役人の往来のために駅が設けられた。

② 18世紀後半に本居宣長が『古事記伝』をあらわし大成させた学問で，天皇を尊ぶ思想と結びつき，幕末の尊王攘夷運動にも影響をあたえた学問は何とよばれるか。

(1)	①		②	
(2)	①		②	

8 次のカードについて，このカードの ▢ にあてはまる船を，右のア～ウから1つ選びなさい。

ア　　　　　　　　　　　イ　　　　　　　　　　〈4点〉

ウ

　この船は，貿易のため海外に渡航することを許可する朱印状が与えられた船である。多くの日本人が，東南アジア各地に移住し日本町ができた。

❽欧米の進出と日本の開国

重要ポイント

① 近代革命の時代

□ **市民革命**…市民階級が<u>絶対王政</u>を倒し, 近代国家をつくった革命。
└→国王による専制政治

① イギリス…<u>ピューリタン(清教徒)革命</u>→<u>名誉革命</u>→<u>権利章典</u>の発布。
└→1642〜49年　　　　　　　　　　└→1688年　　　└→立憲君主制と議会政治の始まり

② アメリカ独立戦争(1775〜83年)…13植民地成立→独立戦争開始→**独立宣言**。

③ フランス革命(1789年)…<u>啓蒙思想</u>の発達→革命勃発→**人権宣言**発表→共和政。
└→ロック・モンテスキュー・ルソー

□ **ナポレオン**…帝政開始→ヨーロッパの大部分征服→人権宣言をふまえた<u>民法</u>。
└→ナポレオン法典

□ **産業革命**…<u>蒸気機関</u>の改良などにより, 社会や生活が大きく変化。18世紀後半, イ
└→ワット

ギリスで綿工業から始まる(工場制機械工業)→<u>資本主義</u>の発達, 社会主義思想。
└→労働組合, 労働運動

□ **19世紀の欧米諸国の動き**…① イギリス…世界の工場。選挙法の改正。② ドイツ…

<u>ドイツ帝国成立</u>。③ アメリカ…<u>南北戦争</u>(1861〜65年)→奴隷解放宣言(リンカン)。
└→ビスマルクの鉄血政策　　　　　└→南北の経済上の対立が背景　　└→どれいかいほう

② ヨーロッパ諸国のアジア侵略

□ **イギリスのアジア侵略**…原料供給地と製品の市場を求めアジア進出→<u>三角貿易</u>。
イギリス・インド・清の3国間└→

□ **インド大反乱**…イギリスの支配にインド兵が反乱(1857年)→ムガル帝国<u>滅亡</u>。
のちインド帝国成立└→

□ **アヘン戦争**…清がアヘンの密輸入を禁止→戦争勃発→イギリス勝利→<u>南京条約締結</u>。
香港をイギリスにゆずる└→

□ **太平天国の乱**…洪秀全が南京で挙兵→太平天国を建国。
└→こうしゅうぜん

③ 開国と江戸幕府の滅亡

□ **ペリー来航**(1853年)…<u>浦賀</u>に来航→開国を要求。

□ **日米和親条約**(1854年)…<u>下田・函館</u>を開港→開国。

□ **日米修好通商条約**(1858年)…大老<u>井伊直弼</u>が結ぶ
→不平等条約(関税自主権がない, <u>領事裁判権</u>を
認める)→貿易開始→物価上昇で経済は混乱。
└→金銀の流出

日本	②一分銀と交換 △×12	③天保小判と 1:5の比率で 交換 ■×3
外国	①外国銀貨が 日本へ ●×4枚	4枚が 12枚に	④天保小判が 外国へ
		⑤外国銀貨と 1:15で交換 ●×12枚

● 外国銀貨　△ 一分銀　■ 天保小判

▲金の流出

□ **安政の大獄**…井伊が反対派の大名・公家・志士らを処罰→<u>桜田門外の変</u>で暗殺される。

□ **攘夷から倒幕へ**…尊王攘夷運動の高まり→攘夷の決行→<u>薩英戦争</u>・四国連合艦隊の
└→生麦事件の報復

下関砲台占拠→攘夷の不可能→<u>薩長同盟</u>(坂本龍馬らの仲立ち)→倒幕勢力が結集。

□ **幕府滅亡**(1867年)…<u>大政奉還</u>→<u>王政復古の大号令</u>→江戸幕府が滅亡→<u>戊辰戦争</u>。
└→15代将軍徳川慶喜が政権を朝廷に返上　　　　　　　　新政府軍と旧幕府軍の戦い└→

テストでは
ココが
ねらわれる

● **市民革命**の中でも，アメリカ独立戦争，フランス革命についてよく問われる。

● **アヘン戦争**については，写真を使っての出題が目立つ。産業革命との関係から問われる。

● **幕末の歴史**は，薩長同盟を中心に，攘夷から倒幕への動きを整理しておこう。

ポイント 一問一答

① 近代革命の時代

- □ (1) 市民階級が，絶対王政を倒し近代国家をつくった革命を総称して何というか。
- □ (2) イギリスの(1)の革命は，ピューリタン(清教徒)革命ともう1つは何か。
- □ (3) 1775年，イギリスからの独立戦争を始めた北アメリカの13の植民地が，翌年発表した宣言を何というか。
- □ (4) 1789年，フランスでバスチーユ牢獄の襲撃をきっかけに始まった革命を何というか。
- □ (5) (4)の革命の後，皇帝となり，ほぼ全ヨーロッパを支配した人物はだれか。
- □ (6) 18世紀後半，綿工業から産業革命が始まった国はどこか。
- □ (7) 南北戦争中にリンカンが発表した宣言は何か。

② ヨーロッパ諸国のアジア侵略

- □ (1) イギリスがインド・清との3国間で行った貿易を何というか。
- □ (2) 1840年に始まり，清がイギリスに敗れた戦争は何か。
- □ (3) 洪秀全が1851年に反乱をおこし，建てた国を何というか。
- □ (4) 1857年，どこの国の兵士がイギリスの支配に反乱したか。

③ 開国と江戸幕府の滅亡

- □ (1) 1853年，浦賀に来航し，開国を求めた人物はだれか。
- □ (2) 1858年，大老井伊直弼がアメリカと結んだ条約は何か。
- □ (3) (2)の条約において，日本が諸外国に認めた権利を何というか。
- □ (4) 井伊直弼が水戸藩の元藩士らによって暗殺されたできごとを何というか。
- □ (5) 1866年，坂本龍馬らの仲介で結ばれた同盟を何というか。
- □ (6) 1867年，徳川慶喜が政権を朝廷に返したことを何というか。
- □ (7) 1868年から始まった，新政府軍と旧幕府軍の戦いは何か。

答

① (1) 市民革命 (2) 名誉革命 (3) 独立宣言 (4) フランス革命 (5) ナポレオン
(6) イギリス (7) 奴隷解放宣言

② (1) 三角貿易 (2) アヘン戦争 (3) 太平天国 (4) インド

③ (1) ペリー (2) 日米修好通商条約 (3) 領事裁判権 (4) 桜田門外の変 (5) 薩長同盟
(6) 大政奉還 (7) 戊辰戦争

基礎問題

▶答え　別冊p.17

1 〈欧米諸国とアジア諸国の動き〉
次の各問いに答えなさい。

(1) 江戸時代に世界でおこったできごととしてあてはまらないものを，次の**ア〜エ**から1つ選べ。　　　　　　　　　　　　　[　　　]

ア アメリカ独立戦争　**イ** ピューリタン革命　**ウ** 名誉革命　**エ** ロシア革命

(2) ペリーが浦賀に来航した時期におこったできごとでないものを，次の**ア〜エ**から1つ選べ。　　　　　　　　　　　　　[　　　]

ア イギリスの東インド会社に雇われていたインド兵士の反乱をきっかけに，インド大反乱がおこった。

イ 清政府が農民に重税を課したため，太平天国による反乱が広がった。

ウ フランスで，パリを中心とする都市の民衆や農民らによる革命がおこった。

エ 産業革命により繁栄したイギリスのロンドンで，世界最初の万国博覧会が開かれた。

(3) 右の絵は，フランス革命前の社会のようすを風刺したものである。この絵にえがかれている当時のフランスの社会について述べた次の文中の（　　）にあてはまる言葉を，絵に大きくえがかれている人物の身分を具体的にあげ，20字以内（読点をふくむ）で答えよ。[　　　　　　　　　　　　　　　　　]

> 当時のフランスは，（　　　　　　　）社会であった。

重要 (4) 次の文中の　**a**　にはあてはまるできごとの名称を，　**b**　にはあてはまる条約の名称を，それぞれ書け。　　　a[　　　　　　] b[　　　　　　]

> 18世紀後半にイギリスで始まった技術の改良や機械の発明による　**a**　は，やがて欧米諸国にも広がった。原料の輸入や製品の輸出先としてアジアに進出したイギリスは，中国の清とアヘン戦争をおこし，戦争に勝利すると　**b**　条約を結んだ。

(5) 右の図は，19世紀前半に行われていた三角貿易である。この貿易における品物の組み合わせとしてもっとも適切なものを，次から1つ選べ。　　　　　　[　　　]

ア A－茶・絹　B－綿織物　C－アヘン

イ A－茶・絹　B－アヘン　C－綿織物

ウ A－綿織物　B－茶・絹　C－アヘン

エ A－綿織物　B－アヘン　C－茶・絹

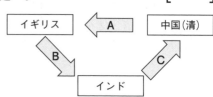

2 〈開国と貿易〉
次の各問いに答えなさい。

(1) 右のカードについて，次の問いに答えよ。

① 文中の ［　　　］ にあてはまる語句を，次から1つ選べ。　　　　　　　［　　　］

> アメリカの使節ペリーは4隻の軍艦を率い，［　　　］に入港して，開国を求めた。

　　ア　根室　　　イ　長崎　　　ウ　函館　　　エ　浦賀

●重要 ② 翌年，再び来航したペリーと幕府が結んだ条約名を書け。

［　　　　　　　　　　　　　　　　］

⚠ミス注意 ③ ②の条約で日本は2つの港を開くこととなった。それらの港の名を書け。

［　　　　　　　　　　　］［　　　　　　　　　　　］

(2) 開国に関し，次の問いに答えなさい。

① 日米修好通商条約によって開かれた港のうち，当時の貿易で中心となった港はどこか。次のア～エから1つ選べ。　　　　　　　　　　　［　　　］

　　ア　長崎　　　イ　神奈川(横浜)
　　ウ　函館　　　エ　兵庫(神戸)

資料　幕末の日本の輸出入品とその割合

その他 13
武器 8
輸入 1,407.7 万ドル
毛織物 48%
31
綿織物

その他
茶
9
11
輸出 1,849.1 万ドル
X 80%

（『日本経済史3』より作成）

② 右の**資料**は，幕末の日本の輸出入品とその割合をあらわしたものである。 X にあてはまる輸出品を書け。　　　　　　　　　　　　　　　　［　　　　　　　　　　　］

3 〈幕末の動き〉
次の各問いに答えなさい。

(1) 次の**ア～エ**を，年代の古い順に並べよ。

［　　　→　　　→　　　→　　　］

　　ア　下関砲台が4か国の連合艦隊に占領された。
　　イ　日米修好通商条約が結ばれた。
　　ウ　大老井伊直弼が江戸城の桜田門外で暗殺された。
　　エ　ペリーが浦賀に来航し，開国を求めた。

［下の句］　［上の句］

仲立ちしたのは坂本龍馬　　幕末に a と b 手を結ぶ

⚠ミス注意 (2) 右のカルタの読み札の a ， b にあてはまる2つの藩の名を答えよ。

［　　　　　　　］［　　　　　　　］

ヒント

1 (3) 絵には，聖職者(左)，貴族(右)，平民(下)の3人の人物がえがかれている。
　(4) アヘン戦争後に結ばれた条約で，清はイギリスに香港をゆずることとなった。
2 (1)③このうち1つは，日米修好通商条約の締結により閉港することとなった。
　(2)①江戸に最も近い港だった。
3 (2) 現在の鹿児島県と山口県にあたる藩である。

1 〈市民革命とヨーロッパ諸国のアジア侵略〉

次の各問いに答えなさい。

(1) 右の**資料Ⅰ**は，17世紀以降の市民革命ののちにつくられた，宣言または憲法などの一部を要約したものである。これにあてはまるものを，次の**ア**〜**エ**から1つ選べ。　[　　　]

ア マグナ＝カルタ　　**イ** ワイマール憲法

ウ フランス人権宣言　**エ** アメリカ独立宣言

資料Ⅰ

> 第1条　人は生まれながらに，自由で平等な権利を持つ。
> 第3条　主権のみなもとは，もともと国民のなかにある。

(2) 江戸時代の世界情勢を示す文として適切なものを，次の**ア**〜**エ**から1つ選べ。　[　　　]

ア 独立戦争中に独立宣言が出され，その後アメリカがイギリスから独立した。

イ モンゴル民族が中国から西アジア，ロシアにまたがる帝国を築き，東西文化が交流した。

ウ ロシアで革命がおこり，労働者や農民を中心とした社会主義国が生まれた。

エ イスラム教が開かれ，その後約1世紀の間に広大なイスラム帝国が成立した。

⚠️ミス注意 (3) イギリスのワットが18世紀に改良したことで実用化された動力は，明治時代の製糸工場でも使われていた。ワットが改良した動力とは何か。　[　　　　　]

(4) 右の**資料Ⅱ**は，イギリスと中国（清）とのアヘン戦争のようすをえがいたものである。次の問いに答えよ。

資料Ⅱ

●重要 ① アヘン戦争がおこる以前，18世紀のイギリスでは，工業化により大きな変化がおこっていた。この大きな変化を何というか。漢字4字で書け。[　　　　　]

差がつく ② **資料Ⅱ**にえがかれた**X**は中国船，**Y**はイギリス船である。**Y**がイギリス船と判断できる理由を，**Y**に着目して書け。

[　　　　　　　　　　　　　　　　　　　　　　　　]

2 〈日米修好通商条約〉 差がつく

右の資料は1858年に結ばれた日米修好通商条約の一部を要約したものである。日本に不利な点を，資料の第4条と第6条のそれぞれについて，簡潔に書きなさい。

資料　日米修好通商条約の一部の要約

> 第4条　すべて日本に対して輸出入する商品は別にさだめるとおり，日本政府へ関税をおさめること。
> 第6条　日本人に対して法を犯したアメリカ人は，アメリカ領事裁判所において取り調べのうえ，アメリカの法律によって罰すること。

第4条[　　　　　　　　　　　　　　　　　　　　]

第6条[　　　　　　　　　　　　　　　　　　　　]

3 〈貿易の開始と影響〉

右の資料を見て，次の各問いに答えなさい。

(1) **資料Ⅰ**は，1867年のわが国の港別輸出額・輸入額をそれぞれあらわしたものである。グラフ中の**a**にあてはまる港名を，次の**ア〜エ**から1つ選べ。 [　　]

ア 下田　　イ 横浜　　ウ 新潟　　エ 神戸

(2) **資料Ⅱ**において，アメリカとの貿易が少ない理由を，**資料Ⅲ**の年表をもとに考えて書け。

[　　　　　　　　　　　　　　　　　　　　　　　]

(3) 日米修好通商条約が結ばれた時期の日本の社会のようすとして，もっとも適当なものを，次から1つ選べ。 [　　]

ア 日本から綿製品が大量に輸出され，物価が上昇した。

イ 神戸が貿易の中心地となった。

ウ 日本の金貨が大量に外国に流出し，物価が不安定になった。

エ 外国から生糸が大量に輸入され，国内の生産地は大きな打撃を受けた。

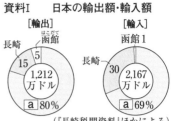

資料Ⅰ　日本の輸出額・輸入額

[輸出]
函館 5
長崎 15
1,212万ドル
a 80%

[輸入]
函館 1
長崎 30
2,167万ドル
a 69%

（『長崎税関資料』ほかによる）

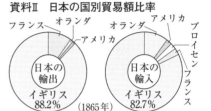

資料Ⅱ　日本の国別貿易額比率

フランス　オランダ　アメリカ
日本の輸出
イギリス 88.2%

オランダ　アメリカ　プロイセン　フランス
日本の輸入
イギリス 82.7%

（1865年）

（石井孝『幕末貿易史の研究』）

資料Ⅲ　世界のおもなできごと

年	できごと
1775	アメリカ独立戦争（〜83）
1789	フランス革命
1857	インド大反乱（〜59）
1861	アメリカ南北戦争（〜65）
1871	ドイツの統一

4 〈攘夷から倒幕へ〉

次の各問いに答えなさい。

(1) 右の写真は，1863年に「ある藩」が外国船を砲撃したことへの報復として，翌年イギリスなど4か国から砲台を占領されたときのようすを示している。「ある藩」の藩名を書け。また，その藩が外国船を砲撃した海峡をふくむ地域を，右の地図中の**ア〜エ**から1つ選べ。

藩名[　　　　　　] 記号[　　]

(2) 右の写真は，幕末に長崎で貿易を行い，薩長同盟の仲立ちをした人物である。この人物を**a**とし，薩摩藩出身で幕府を倒す動きの中心となった人物を**b**としたとき，その組み合わせとして正しいものを，次の**ア〜エ**から1つ選べ。 [　　]

ア　a＝福沢諭吉　b＝西郷隆盛
イ　a＝福沢諭吉　b＝岩倉具視
ウ　a＝坂本龍馬　b＝西郷隆盛
エ　a＝坂本龍馬　b＝岩倉具視

近代の
日本と世界

❾ 明治維新と文明開化

重要ポイント

① 明治維新

□ **明治維新**…幕末から明治初めにかけて，さまざまな分野で進められた大きな変革。

□ **五箇条の御誓文**(1868年)…新政府の基本方針。同時に五榜の掲示も出される。

□ **中央集権国家の成立**…旧薩長出身者に実権(藩閥政治)。

　　① **版籍奉還**(1869年)…藩主が土地と人民を朝廷に返す。

　　② **廃藩置県**(1871年)…藩を廃止して府・県を設置し，中
　　央から府知事・県令を派遣。

　　③ **四民平等**…古い身分制度を廃止し，皇族以外は平等→
　　華族・士族・平民。解放令で，えた・ひにんの人々も
　　　└大名や公家 └武士
　　平民に。

▲人口の割合（1872年）

（『近代日本経済史覧』）

② 近代化政策と文明開化

□ **富国強兵**…欧米に追いつくため，国力をつけ，軍隊を強くすること。

　　① **学制**(1872年)…6歳以上のすべての男女に小学校教育→学制反対の一揆。

　　② **徴兵令**(1873年)…満20歳以上の男子に兵役の義務→近代的軍隊の設立。

　　③ **地租改正**(1873年)…地券を発行し，地価の3%を現金で納入→国家財政の安定。

□ **殖産興業**　① 近代産業の育成…官営模範工場の建設(富岡製糸場など)，鉄道の開通，
　　電信・郵便の整備。② 北海道の開拓…蝦夷地を北海道に改称し，屯田兵を派遣。
　　　　　　　　　　　　　　　　　　　　　　北海道の開拓と警備を兼ねる

□ **文明開化**…欧米の文化を取り入れたことにより生活が大きく変化→洋服の着用，ガ
　　ス灯・ランプ，太陽暦の採用。新しい思想の紹介→福沢諭吉，中江兆民。
　　　　　　　　└1873年1月1日から　　　　　　　　└『学問のすゝめ』　└ルソーの思想を紹介

③ 明治初期の外交

□ **岩倉使節団**…岩倉具視を団長として欧米派遣→欧米の進んだ政治や産業などを見聞。
　　　　　　　　　　　　　　　　　　　└条約改正交渉は失敗

□ **樺太・千島交換条約**(1875年)…ロシアが樺太，日本が千島列島を領有。

□ **領土の確定**…1895年に尖閣諸島，1905年に竹島が内閣の決定により編入。

□ **中国との国交**…対等な立場で日清修好条規(1871年)を締結。

□ **朝鮮との国交**…征韓論→大久保利通らが反対。江華島事件→日朝修好条規(1876年)。

□ **琉球処分**…琉球藩設置→清は認めず対立→台湾出兵→沖縄県設置(1879年)。
　　　　　　　　　　　　　　　　　　　　　　　└琉球の人々の反対をおさえる

ポイント 一問一答

① 明治維新

- ☐ (1)幕末から明治初めにかけて進められた，大きな改革を何というか。
- ☐ (2)五箇条の御誓文と同時に出された，民衆の守るべきことがらを示した5枚の高札を何というか。
- ☐ (3)1869年に行われた，藩主に対して土地と人民を朝廷に返還させた政策を何というか。
- ☐ (4)1871年，藩を廃止して府や県をおき，府知事や県令におさめさせた政策を何というか。
- ☐ (5)古い身分制度が廃止され，皇族以外はすべて平等としたことを何というか。

② 近代化政策と文明開化

- ☐ (1)1872年，近代的な学校制度を定めた法令を何というか。
- ☐ (2)1873年に出された，満20歳以上の男子に兵役の義務を課した法令を何というか。
- ☐ (3)1873年に実施された，土地所有者に地券を発行し，地価の3％を金納させた政策を何というか。
- ☐ (4)北海道の開拓と警備を兼ねて派遣された兵士を何というか。
- ☐ (5)明治時代初期に欧米の文化が取り入れられ，伝統的な生活が変化した風潮を何というか。
- ☐ (6)福沢諭吉が西洋の近代思想を紹介した著書は何か。

③ 明治初期の外交

- ☐ (1)1871年に欧米に派遣された使節団の団長はだれか。
- ☐ (2)1875年に結ばれた，樺太をロシア領，千島列島を日本領とする条約を何というか。
- ☐ (3)明治政府内で高まった，武力でもって朝鮮に開国をせまる主張を何というか。
- ☐ (4)江華島事件の翌年，朝鮮との間で結ばれた条約は何か。
- ☐ (5)1879年，琉球の人々の反対を押し切って，沖縄県を設置したことを何というか。

 答
① (1)明治維新　(2)五榜の掲示　(3)版籍奉還　(4)廃藩置県　(5)四民平等
② (1)学制　(2)徴兵令　(3)地租改正　(4)屯田兵　(5)文明開化　(6)学問のすゝめ
③ (1)岩倉具視　(2)樺太・千島交換条約　(3)征韓論　(4)日朝修好条規　(5)琉球処分

基礎問題

▶答え　別冊p.19

1 〈明治維新の政策〉
次の各問いに答えなさい。

●重要 (1) 右の**資料**は，戊辰戦争が始まった年に出された明治政府の基本方針である。この基本方針を何というか。

[　　　　　]

(2) 右のカードについて，次の問いに答えよ。

⚠ミス注意 ① カードの大久保利通は，新政府の中心となってさまざまな政策を行った。次の**a**，**b**の文は，新政府が行った政策について述べたものである。あてはまる政策をそれぞれ書け。

資料

一，広ク会議ヲ興シ，万機公論ニ決スベシ。
一，上下心ヲ一ニシテ，盛ニ経綸ヲ行ウベシ。
一，官武一途庶民ニ至ル迄，各其志ヲ遂ゲ，人心ヲシテ倦マザラシメンコトヲ要ス。
一，旧来ノ陋習ヲ破リ，天地ノ公道ニ基クベシ。
一，智識ヲ世界ニ求メ，大ニ皇基ヲ振起スベシ。

大久保利通
　明治維新に活躍した薩摩藩出身の政治家です。新政府の中心として改革を行いました。欧米への視察後，地租改正や殖産興業などの日本の近代化を進めました。

（大久保利通の写真）

a 中央集権国家を確立するため，全国の大名に土地と人民を朝廷に返させた。

[　　　　　]

b 欧米諸国に劣らない強い国をつくるため，経済を発展させて国力をつけることや，強い軍隊をつくることなどを進めた。 [　　　　　]

② 下線部について，1873年から行われた地租改正では，土地の所有者と地価を定め，地価に一定の税率を課して地租とし，土地の所有者に現金でおさめさせることにした。この改正が行われた目的を書け。

[　　　　　　　　　　　　　]

●重要 (3) 福井県坂井市にあった丸岡城は，旧藩主による支配を廃止し，中央から地方へ府知事や県令を派遣する□□□という政治改革の実施後に，天守閣を除いて壊された。□□□にあてはまる語句を書け。 [　　　　　]

(4) 明治時代の初め，わが国では殖産興業政策が進められていた。殖産興業とはどのような政策か。右の絵を参考にして，簡潔に述べよ。

官営工場の内部

[　　　　　　　　　　　　　]

⚠ミス注意 (5) 富国強兵のために，6歳以上のすべての男女を小学校で教育することなど，近代的な教育制度を定めた法令を何というか。 [　　　　　]

70

2 〈文明開化〉
次の各問いに答えなさい。

(重要) (1) 右の絵は，1882年ころに当時の東京のようす
をえがいたものである。明治維新にともない，
新しい風俗や習慣が見られるようになったこ
とがうかがえる。このような生活の変化や風
潮を何というか。漢字4字で書け。
[   ]

(2) (1)のころのわが国のようすについて述べた文を，次のア〜エから1つ選べ。[   ]

ア 「ええじゃないか」とおどるさわぎが全国各地に広がった。
イ 西洋の解剖書が翻訳され，『解体新書』として出版された。
ウ 発行部数が100万部をこえる新聞があらわれた。
エ 1日を24時間とする太陽暦（新暦）が実施された。

(ミス注意) (3) 『学問のすゝめ』をあらわして学問の大切さや自主独立の精神を説き，多くの人々に影
響をあたえた人物はだれか。
[   ]

3 〈岩倉使節団〉
次の各問いに答えなさい。

(1) 右の写真は，岩倉使節団の中心となった人々を撮
影したものである。岩倉使節団に関する説明とし
て誤っているものを，次から1つ選べ。[   ]

ア 使節団には，大久保利通が加わっていた。
イ 使節団は，西南戦争後にわが国を出発した。
ウ 使節団には，女子留学生が同行していた。
エ 使節団は，欧米諸国の政治のしくみなどを視察した。

(2) 岩倉使節団に参加せずに国内で改革を進めた人物を，次から1人選べ。[   ]
ア 中江兆民　　イ 木戸孝允　　ウ 西郷隆盛　　エ 伊藤博文

(ミス注意) (3) この写真が撮影されたころに，わが国では殖産興業政策が進められており，群馬県の
[   ]製糸場などの官営模範工場がつくられて新技術の普及がはかられた。[   ]に
あてはまる地名を書け。
[   ]

ヒント
1 (2) ①bの政策のため，学制の発布，徴兵制の実施，地租改正などが行われた。
 (3) 旧藩主は東京に住むこととなった。
2 (3) 幕末に2度にわたって欧米諸国を訪問し，帰国後，慶応義塾をつくった。
3 (1) 岩倉使節団は，1871年に出発して，約2年間にわたって欧米諸国を訪れた。
 (2) 岩倉使節団が欧米諸国を訪れているとき，征韓論を唱えた人物。

1 〈明治維新の諸政策〉
西郷隆盛がかかわった明治維新について資料Ⅰ～Ⅲを集めた。これについて，次の各問いに答えなさい。

(1) 資料Ⅰ～Ⅲについての文として適切なものを，次のア～エからすべて選べ。　[　　　　　]

　ア　資料Ⅰの政策で，凶作時における減税を約束するとともに，官営工場をつくり，産業を発展させようとした。

　イ　資料Ⅱの理念にもとづき，6歳以上の男女に教育を受けさせることを定め，全国に小学校をつくらせた。

　ウ　資料Ⅰの政策で，課税対象を収穫高から地価にして歳入の安定をはかるとともに，資料Ⅲを示し，全国で兵を集めて近代的な軍隊をつくろうとした。

　エ　資料Ⅱの理念により，小・中学校を義務教育と定めるとともに，資料Ⅲを示し，20歳以上の男性に兵役の義務を負わせた。

(2) 経済発展と軍事力の強化をもとに欧米諸国に負けない国づくりをめざした明治政府の政策全体をあらわす最も適切な語句を書け。　[　　　　　]

資料Ⅰ
土地の価値に従って課税するので，今後は豊作の年に増税を行わないのはもちろんだが，凶作の年であっても減税はいっさい認めない。

資料Ⅱ
親は，いつくしみ育てる気持ちを強くもって，子どもを必ず学校に通わせるようにしなければならない。

資料Ⅲ
海軍と陸軍の二軍を備え，全国の男児で20歳になったものすべてを兵とする。この兵を使って，まさかのときのために備えておかなければならない。

（『法令全書』より部分要約）

2 〈地租改正〉
次の各問いに答えなさい。

(1) 明治時代には，ある時期から地租が増え，政府の重要な収入源となった。これは新しい租税制度の導入とも関係している。この制度では，だれが，どれだけ，何（米，金など）でおさめたかを，簡潔に説明せよ。
[　　　　　]

(2) 明治時代に全国統一の貨幣制度ができ，租税制度の改革が行われた。右の資料はこの改革の際，土地の所有者にあたえられた証書である。□にあてはまる，この証書の名を書け。また，この改革に反対する一揆が各地でおこったため，1877年に政府はこの改革の内容をどのように変更したか。この資料をもとに具体的に書け。

証書名[　　　　　]

変更点[　　　　　]

加賀国石川郡○○村
字○○番
一耕地畑二十三歩
地価一円七十銭
此百分の三
明治十年ヨリ　金五銭一厘　地租
此百分ノ二ヶ半　金四銭三厘　地租
右検査之上授与之
明治十年十二月　石川県　印
同国同郡同村
持主○○○○

（一部の漢字については表記をわかりやすく改めた）

3 〈明治初期の外交〉

次の各問いに答えなさい。

(1) 右の資料は，<u>X</u>を全権大使とし，木戸孝允，大久保利通
らを副使とした使節団が，アメリカやヨーロッパを訪問した
ときに撮影された写真である。この使節団は<u>Y</u>帰国した。
X，Yにあてはまる言葉の組み合わせとして最も適切なもの
を，次から1つ選べ。　[　　　]

ア X　伊藤博文　Y　欧米諸国の進んだ政治や産業，社会の状況を視察して

イ X　伊藤博文　Y　数年後に迫った国会開設に備えてプロイセンの憲法を学んで

ウ X　岩倉具視　Y　欧米諸国の進んだ政治や産業，社会の状況を視察して

エ X　岩倉具視　Y　数年後に迫った国会開設に備えてプロイセンの憲法を学んで

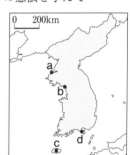

(2) 日朝修好条規は，1875年に朝鮮でおきた江華島事件をきっかけに
して結ばれた。右の地図中に・印で示したa～dの島のうち，江
華島にあたるものを1つ選べ。　[　　　]

(3) 右のカードの（　）に入る適切な語句
を，次のア～エから1つ選べ。[　　　]

ア 岩倉使節団　　**イ** ペリー

ウ ロシア使節団　**エ** 朝鮮通信使

私は満6歳で（　）に同行し，アメリカに渡った日本で最初の女子留学生として知られています。帰国したあとは，日本の女子教育の発展に力を尽くし，現在の津田塾大学となる教育機関をつくりました。

4 〈文明開化〉

資料Ⅰ，資料Ⅱは文明開化の時期
のようすをえがいたものである。次
の各問いに答えなさい。

資料Ⅰ　　　　資料Ⅱ

(1) 資料に共通して見られる，文明開
化の特色を示す乗り物を2つ書け。
[　　　][　　　]

(2) 資料中の人物の姿に着目し，乗り
物の利用のほかに，2つの資料に共通して見られる文明開化の特色について，具体例を1つ
示し，説明せよ。
[　　　　　　　　　　　　　　　　　　]

(3) 文明開化の時期に，近代工業を育成するために欧米の技術を導入した官営の工場などがつく
られたが，明治政府が行ったこの政策を何というか。　[　　　]

(4) 1872年に採用された，西洋の暦法を何というか。漢字3字で答えよ。
[　　　]

⑩近代国家への歩み

重要ポイント

①自由民権運動

- □ **士族の反乱**…四民平等，徴兵令などで士族の特権を奪われ，政府批判が強まる。
- □ **西南戦争**(1877年)…**西郷隆盛**が中心。最大で最後の士族の反乱→失敗→**言論による**
  └→薩摩藩の士族
  政府批判へ。
- □ **自由民権運動**…藩閥政治を批判し，憲法の制定と国会の開設を要求した運動。
  - ① **民撰議院設立の建白書**(1874年)…**板垣退助**らが提出→自由民権運動の高まり。
  - ② **政治団体の結成**…立志社(板垣ら)→愛国社→**国会期成同盟**の結成。
  - ③ **政府の弾圧**…新聞紙条例，集会条例などで弾圧。
- □ **国会開設の勅諭（詔）**…1881年，政府は10年後の国会開設を約束→複数の**憲法草案**ができる。
  └→植木枝盛などが作成
- □ **政党の結成**…**自由党**(板垣退助)と**立憲改進党**(大隈重信)の結成。
- □ **激化事件**…自由党急進派が貧農らと結んで運動が激化→**福島事件**や**秩父事件**など。
  └→1882年 └→1884年

- おもな士族の反乱
- おもな激化事件
( )はおこった年

福島事件(1882)
秩父事件(1884)
佐賀の乱(1874)
萩の乱(1876)
神風連の乱(1876)
大阪事件(1885)
加波山事件(1884)
西南戦争(1877)
0 ──── 200km

▲士族の反乱と激化事件

②大日本帝国憲法と帝国議会

- □ **憲法草案の作成**…**伊藤博文**らが君主権の強い**ドイツ**の憲法を参考に草案を作成
  └→プロイセン
- □ **内閣制度**(1885年)…伊藤博文が初代内閣総理大臣に。
- □ **大日本帝国憲法**…1889年2月11日発布。**天皇主権**，**貴族院と衆議院**の二院制。臣民(国民)の権利は法律で制限することができた。
- □ **教育勅語**(1890年)…忠君愛国の教育方針を示す。
- □ **帝国議会**
  - ① **貴族院**…皇族や華族の代表，天皇が任命した者，高額納税者などで構成。
  - ② **衆議院**…選挙で選ばれた議員で構成。
- □ **第1回総選挙**(1890年)…直接国税15円以上をおさめる満25歳以上の男子に選挙権。
- □ **初期の帝国議会**…議会政治の開始。民党が過半数を占める→地租軽減など主張。

第1条　大日本帝国ハ万世一系ノ天皇之ヲ統治ス

第3条　天皇ハ神聖ニシテ侵スヘカラス

第11条　天皇ハ陸海軍ヲ統帥ス

▲大日本帝国憲法

ポイント **一問一答**

① 自由民権運動

□(1) 1877年，鹿児島の士族らが西郷隆盛を中心にしておこした反乱を何というか。

□(2) 1874年，板垣退助らが政府に提出した，国会の開設を要求する意見書を何というか。

□(3) (2)の提出をきっかけに全国に広まった，国民の自由と権利を求め，立憲政治の実現をめざす運動を何というか。

□(4) 明治時代に国会開設運動を進めた中心的な組織を何というか。

□(5) 1881年，政府が10年後に国会を開くことを約束した文書を何というか。

□(6) 1881年に結成された，板垣退助を党首とする政党を何というか。

□(7) 1882年，立憲改進党を結成した人物はだれか。

□(8) 1882年，福島県令が行った政策に対して，県内の自由党員らが反抗した激化事件を何というか。

□(9) 1884年，埼玉県西部で，困民党を中心とする農民と自由党急進派が結びついておこした事件を何というか。

② 大日本帝国憲法と帝国議会

□(1) 1885年，初代の内閣総理大臣となった人物はだれか。

□(2) 1889年2月に発布された憲法を何というか。

□(3) (2)の憲法の主権者はだれか。

□(4) (2)の憲法では，臣民の権利は何によって制限できたか。

□(5) (2)の憲法はどこの国の憲法を参考に作成されたか。

□(6) 忠君愛国の教育方針を示し，1890年に発布されたものは何か。

□(7) 帝国議会のうち，皇族や華族の代表，天皇が任命した者，高額納税者などで構成される議院を何というか。

□(8) 衆議院議員選挙で選挙権を持っていたのは，15円以上の国税をおさめる，満何歳以上の男子か。

答
① (1) 西南戦争　(2) 民撰議院設立の建白書　(3) 自由民権運動　(4) 国会期成同盟
(5) 国会開設の勅諭(詔)　(6) 自由党　(7) 大隈重信　(8) 福島事件　(9) 秩父事件
② (1) 伊藤博文　(2) 大日本帝国憲法　(3) 天皇　(4) 法律　(5) ドイツ　(6) 教育勅語　(7) 貴族院
(8) 満25歳以上

▶答え　別冊p.21

基 礎 問 題

1 〈西南戦争（せいなん）〉

次の各問いに答えなさい。

(1) 次のa〜dの文は，明治時代（めいじ）に活躍（かつやく）した4人の人物について述べたものである。西南戦争をおこし，反政府軍の中心となった人物について述べた文としてもっとも適当なものを，a〜dから1つ選べ。　　　　　　　　　　　　　　　　[　　　　]

> a　この人物は土佐藩（とさはん）出身で，民撰議院（みんせん）開設の要求を政府に提出した。
>
> b　この人物は薩摩藩（さつまはん）出身で，征韓論（せいかんろん）をめぐる政府内部の争いの結果，政府の要職こを退いた。
>
> c　この人物は長州藩（ちょうしゅうはん）出身で，内閣制度が定められると，初代の内閣総理大臣に就任した。
>
> d　この人物は土佐藩出身で，国会開設をめぐる対立から政府を追われたのち，政党を結成した。

(2) 西南戦争に関連して，次の文中の（　　）にあてはまる適当な言葉を，「政府」「武力」「言論」の3つの語を用いて，30字以内（読点もふくむ）で書け。

[　　　　　　　　　　　　　　　　　　　　　　　　　　　　　　　　　　　]

> 　西南戦争の後，（　　　　　　　　），板垣退助（いたがきたいすけ）らの運動が広まる中で，1880年には国会期成（きせい）同盟が設立された。

2 〈立憲国家の成立（りっけん）〉

右の資料は，明治時代の「立憲国家の成立」をテーマにまとめたパネルである。これを見て，次の各問いに答えなさい。

テーマ「立憲国家の成立」

●重要 (1) 人物Aは，国民の参政権（さんせいけん）の確立をめざす運動の中心人物として活躍した。この運動を何というか。

[　　　　　　　　]

⚠ミス注意 (2) 人物Bは，政府が国会開設を約束した後に政党を結成し，党首となった。この政党名を書け。

[　　　　　　　　]

(3) 人物Cは，ヨーロッパに留学して，君主権の強いある国の憲法を学び，帰国後，憲法草案を作成した。ある国とはどこか。　　　　　　[　　　　　　　　]

A
1874（明治7）年
民撰議院設立の建白書を政府に提出

B
1881（明治14）年
政府から追い出され，翌年政党を結成し，党首に就任

C
1885（明治18）年
初代内閣総理大臣に就任

3 〈大日本帝国憲法〉

次の各問いに答えなさい。

(1) 近代の日本では，西洋の文明が取り入れられ，近代国家の基礎が整えられていった。このことについて，次の問いに答えよ。

① 右の資料は，ある国の市民革命のさなかに発表され，わが国の自由民権運動にも大きな影響をあたえた人権宣言である。ある国とはどこか。その国名を書け。 [   ]

> （部分要約）
> 第1条　人は，生まれながらにして，自由・平等である。
> 第3条　主権のみなもとは，もともと国民のなかにある。

② 大日本帝国憲法について説明した文として適切でないものを，次のア～エから1つ選べ。 [   ]

ア 憲法は，天皇が国民にあたえるという形で発布された。

イ 憲法では，帝国議会は国権の最高機関と位置づけられた。

ウ 憲法では，天皇が国の元首として統治すると定められた。

エ 憲法では，人権は天皇が恩恵によってあたえた権利とされた。

(2) 大日本帝国憲法が発布された翌年のできごとを，次のア～エから1つ選べ。 [   ]

ア 原敬を首相とする本格的政党内閣が成立した。

イ 満25歳以上のすべての男子に選挙権が認められた。

ウ 満20歳に達した男子に兵役の義務を課す，最初の徴兵令が出された。

エ 衆議院議員総選挙が行われ，初の帝国議会が開かれた。

4 〈帝国議会の議員選挙〉 ⟶重要

次の文は，資料の選挙について説明したものである。下線部ア～エから誤っているものを選び，記号と正しい語句を書きなさい。

帝国議会の選挙のようす

第1回帝国議会の**ア貴族院**の議員は，選挙によって選出されたが，選挙権があたえられたのは，**イ直接国税15円以上**をおさめる**ウ満25歳以上の男子**に限られていた。この選挙で過半数の議席を得たのは，**エ自由民権運動**の流れをくむ民党（野党）であった。

[   ][   ]

ヒント

1 (2) この運動の目的を考えてみる。

3 (1) ①自由党は，この国の急進思想の影響を受けていた。

(2) 大日本帝国憲法が発布されたのは1889年。

4 帝国議会は，貴族院と何という議院とで構成されていたかを考えてみる。

1 〈自由民権運動〉
板垣退助らは，新政府に対して右下のような内容の文書を提出した。この資料を読んで，次の各問いに答えなさい。

(1) **資料**中の下線部は，彼らの要求である。それはどのような内容か。（　）にあてはまるように，次の2つの語句を使い答えよ。

議員	国民

[　　　　　　　　　　　　　　]

⚠ ミス注意 (2) この**資料**は，何とよばれるものか。その名称を書け。[　　　　　　　　　]

資料

> 　私どもがつつしんで，現在政権がどこにあるかを考えてみますに，上は皇室になく，下は民衆にもなく，ただ官僚に独占されております。…（中略）…
> 　このような状況から日本を救う方法を追求してみると，世論を尊重する政治をするほかありません。そのためには，<u>（　　　　　　　）を開く</u>ことしかありません。

2 〈国会開設の勅諭〉
国会開設の勅諭にかかわって，ゆう子さんは憲法が制定される歴史について調べ，資料Ⅰ～Ⅲを用意した。これらについて，次の各問いに答えなさい。

(1) **資料Ⅰ～Ⅲ**について述べた文として適切なものを，次の**ア～エ**からすべて選べ。

[　　　　　　　　　　]

ア **資料Ⅰ**のような国会開設を求める動きが全国に広がり，中には憲法制定をめざした学習会を重ね，**資料Ⅱ**に代表されるような憲法草案を作成する者もいた。

イ **資料Ⅲ**が発布された後に，全国各地で**資料Ⅰ**のような国会開設を求める動きがおこった。

資料Ⅰ

> 　松本の奨匡社の代表松沢求策らが，長野県の総戸数の約1割に相当する署名を持ち，国会開設の請願書を政府に提出した。　　（『長野県史』第7巻より作成）

資料Ⅱ（一部要約）

> 　日本国民は各自の権利自由を達成することができる。（略）
> 　すべての日本国民は，華族・士族や平民の別を問わず，法律の前においては平等である。

資料Ⅲ（一部要約）

> 第1条　大日本帝国は万世一系の天皇これを統治す。
> 第29条　日本臣民は法律の範囲内において言論著作出版集会及び結社の自由を有す。

ウ **資料Ⅲ**は，アジアで最初に発布された憲法で，条文の多くは**資料Ⅱ**の内容と同じであった。

エ **資料Ⅲ**は，主権は天皇にあると定めており，また第29条の権利は，「臣民の権利」として法律によって制限された。

🔄 重要 (2) 藩閥政治への批判，国会開設の要求，政党の結成や，**資料Ⅰ**と**資料Ⅱ**にかかわる動きをふくむ運動全体を（　）運動という。（　）にあてはまる最も適切な語句を，漢字4字で書け。

[　　　　　　　　　]

3 〈大日本帝国憲法の制定〉

次の各問いに答えなさい。

(1) 明治時代にヨーロッパへ派遣され，帰国後に，憲法草案の作成を始めたある人物は，派遣中，ドイツ（プロイセン）の憲法を中心に調査した。それはドイツ（プロイセン）の憲法にどのような特徴があったからか。右の**資料**を参考にして，簡潔に書け。

資料

> 大日本帝国憲法（一部）
> 第1条　大日本帝国ハ万世一系ノ天皇之ヲ統治ス

[　　　　　　　　　　　　　　　　　　　　　　　　　　　　]

差がつく (2)「大日本帝国憲法」の内容と，「日本国憲法」の内容を比較すると，さまざまな点でちがいがある。そのちがいの1つを，「主権」という語句を使って説明せよ。

[　　　　　　　　　　　　　　　　　　　　　　　　　　　　]

4 〈帝国議会と憲法〉

右の資料Ⅰ・Ⅱを見て，次の各問いに答えなさい。

(1) **資料Ⅰ**は，最初の帝国議会が開かれているようすをえがいたものである。次の**ア～ウ**は，政府が国会開設の約束をしてから，最初の議会が開かれるまでのできごとである。年代の古いものから順に答えよ。

[　　→　　　→　　　]

ア 内閣制度が実施される。

イ 最初の衆議院議員選挙が実施される。　　**ウ** 板垣退助が自由党を結成する。

資料Ⅰ
　　　　資料Ⅱ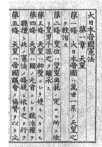

ミス注意 (2) **資料Ⅱ**は，大日本帝国憲法の原本の一部である。この憲法の草案作成の中心となった，もと長州藩出身の人物はだれか。　　　　　　　　[　　　　　　　　]

(3) **資料Ⅱ**の憲法では，天皇が国を統治することが定められている。天皇には，どんな権限があったか。具体的な権限を1つ書け。

[　　　　　　　　　　　　　　　　　　　　　　　　　　　　]

5 〈立憲国家への歩み〉

次のできごとを年代の古い順に並べかえなさい。

[　　→　　　→　　　→　　　]

ア 西郷隆盛らが西南戦争をおこしたが，徴兵令によって組織された政府軍におさえられた。

イ 伊藤博文が初代内閣総理大臣となった。

ウ 政党として板垣退助が自由党を，その翌年には大隈重信が立憲改進党を結成した。

エ 岩倉具視を代表とする使節団が派遣され，欧米の政治や産業などを見聞した。

⑪日清・日露戦争と近代産業

重要ポイント

① 条約改正と日清戦争

□ **帝国主義**…欧米列強が軍事力を背景にアフリカ・アジアへ進出し，植民地にしていった動き。

□ **条約改正への歩み**…岩倉使節団が交渉するが失敗。
　① 欧化政策…井上馨。鹿鳴館建設→国民の反発。
　　　　　　　　　　　　└→舞踏会
　② ノルマントン号事件…領事裁判権撤廃を求める。
　③ 領事裁判権の撤廃…1894年，陸奥宗光がイギリスと交渉。
　④ 関税自主権の回復…1911年，小村寿太郎がアメリカと交渉→条約改正の達成。

□ **日清戦争**(1894〜95年)…朝鮮をめぐる対立→甲午農民戦争→清と日本が出兵→日本が勝利→下関条約を締結→三国干渉(ロシアなど3国が遼東半島の返還を要求)。

▲下関条約の内容

清からの賠償金
2億両(約3億1千万円)

② 日露戦争と韓国・中国の動き

□ **義和団事件**(1900年)…中国で外国人排斥運動→8か国連合軍による鎮圧。
　　　　　　　　　　　　└→1899年に蜂起

□ **日英同盟**(1902年)…ロシアに対抗するためイギリスと結ぶ→日露の対立が深まる。

□ **日露戦争**(1904〜05年)…満州・韓国をめぐる対立→開戦→日本勝利→国力消耗。

□ **ポーツマス条約**(1905年)…日本は樺太の南半分，韓国での優越権を得る。賠償金は
　　　　　　　　　└→アメリカのセオドア=ローズベルト大統領が仲介
　得られず→日比谷焼き打ち事件。

□ **韓国併合**(1910年)…日本は朝鮮総督府を設置し，植民地支配。

□ **辛亥革命**(1911年)…孫文を中心に革命運動→中華
　　　　　　　　　　　└→三民主義(民族・民権・民生)を唱える
　民国が成立(1912年)→清が滅亡。

③ 産業の発達と近代文化

□ **工業の発達**…軽工業から進む→官営八幡製鉄所の操業開始(1901年)→重工業発展→交通の発達。

□ **資本主義の発達**…財閥。社会問題→労働運動。

□ **足尾銅山鉱毒事件**…公害の発生。田中正造が追及。
　　　　　　　　　　　　　　　　└→天皇に直訴するが失敗

□ **社会主義運動**……取りしまりを強化→大逆事件。
　　　　　　　　　　　　　　　　　└→幸徳秋水らが死刑

□ **教育の普及**…1907年に義務教育が6年に延長。

自然科学	北里柴三郎(破傷風血清療法)，志賀潔(赤痢菌)，高峰譲吉(タカジアスターゼ)，野口英世(黄熱病)
文学	与謝野晶子(『みだれ髪』)，夏目漱石(『坊っちゃん』)，森鷗外(『舞姫』)
美術	フェノロサ(アメリカ人)，黒田清輝(洋画)，高村光雲(彫刻)
音楽	滝廉太郎(「荒城の月」)

▲近代文化の代表的人物

●条約改正はよく出題されるので，岩倉使節団の派遣から改正達成までの流れを，内容ととも に関係人物もふくめて整理しておこう。
●日清戦争と日露戦争の講和条約の内容は必出。獲得した領土を地図で確認しておこう。

ポイント 一問一答

① 条約改正と日清戦争

☐ (1)19世紀後半から，欧米列強が軍事力を背景にアフリカ・アジアへ進出し，植民地 にしていった動きを何というか。

☐ (2)1894年，日本がイギリスとの間で撤廃に成功した，不平等条約の条項は何か。

☐ (3)(2)の際の，日本の外務大臣はだれか。

☐ (4)1911年に条約改正が完全に達成されたのは，どこの国との間で関税自主権が回復 したためか。

☐ (5)1894年，朝鮮半島でおこった何というできごとがきっかけで日清戦争が始まったか。

☐ (6)日清戦争の講和条約を何というか。

☐ (7)(6)の講和条約ののち，ロシアなど３国が日本に遼東半島の返還を求めてきた要求を 何というか。

② 日露戦争と韓国・中国の動き

☐ (1)1902年に結ばれた，ロシアに対抗するための同盟は何か。

☐ (2)1905年に結ばれた，日露戦争の講和条約を何というか。

☐ (3)1910年，韓国内の抵抗運動をおさえ，韓国を植民地にしたできごとを何というか。

☐ (4)1911年に中国でおこった革命を何というか。

☐ (5)(4)によって成立した国はどこか。

③ 産業の発達と近代文化

☐ (1)日本の産業革命は，紡績などの何工業から始まったか。

☐ (2)1901年に操業を開始した，官営の製鉄所を何というか。

☐ (3)足尾銅山鉱毒事件を生涯にわたり追及した人物はだれか。

☐ (4)1907年，義務教育は４年から何年に延長されたか。

☐ (5)明治時代に破傷風の血清療法を発見した人物はだれか。

答

① (1) 帝国主義　(2) 領事裁判権　(3) 陸奥宗光　(4) アメリカ　(5) 甲午農民戦争　(6) 下関条約
　(7) 三国干渉

② (1) 日英同盟　(2) ポーツマス条約　(3) 韓国併合　(4) 辛亥革命　(5) 中華民国

③ (1) 軽工業　(2) 八幡製鉄所　(3) 田中正造　(4) ６年　(5) 北里柴三郎

基礎問題

▶答え 別冊p.22

1 〈条約改正と明治文化〉

次の各問いに答えなさい。

(1) 下線部 **a** に関して，『たけくらべ』『にごりえ』などの小説を発表し，現在（2020年）の５千円札にその肖像が使われているのはだれか。次の**ア～エ**から１人選べ。　[　　　]

ア　与謝野晶子　　イ　平塚らいてう　　ウ　樋口一葉　　エ　津田梅子

	世界のできごと	日本のできごと
A	ヨーロッパの3つの大国が，日本が下関条約で獲得した（ **X** ）を清へ返還するよう，日本に要求してきた。	文学の分野では，西洋の近代文学の影響を受けた作品が発表された。また，このころから a 女性の文学者も活躍し始めた。
B	アヘン戦争のあと，中国の農民の生活はますます苦しくなり，太平天国による反乱が長く続くことになった。	アメリカとの間に b 日米修好通商条約が結ばれ，その後，同じような内容の条約がイギリスやフランスなどとも結ばれた。

(2) （ **X** ）にあてはまる地域を下の地図中の**ア～エ**から選べ。またその名称を答えよ。

地域[　　] 名称[　　　　　]

(3) 下線部 **b** について，右の**資料**で示された事件と特に関係の深い，日本にとって不利で不平等な条約の内容は何か。「諸外国に対して」の言葉に続けて書け。

[諸外国に対して　　　　　　　　　　　　　　　　　　　　　　]

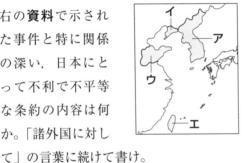

資料　ノルマントン号事件

和歌山県沖でイギリス船が沈没し，西洋人乗組員がほとんど救助された一方で，日本人乗客は全員死亡した。
　この事件で，乗客を見捨てたとして非難をあびたイギリス人船長は，その後の裁判では軽い刑罰ですんだ。

（ノルマントン号事件の風刺画）

2 〈日清戦争〉

次の各問いに答えなさい。

(1) 次の文は日清戦争の講和条約の内容の一部についてまとめたものである。文中の（　　）にあてはまる地域を，地図中の**ア～エ**から１つずつ選べ。　a[　　] b[　　]

> 日本は，（ **a** ），（ **b** ），澎湖諸島を清から譲り受けた。

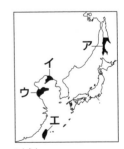

(2) 下関条約で日本が獲得した**a**の地域は，後に三国干渉によって清に返還することになる。三国の組み合わせとして正しいものを，次の**ア～エ**から１つ選べ。　[　　　]

ア　ロシア・フランス・イギリス　　イ　ロシア・フランス・ドイツ
ウ　アメリカ・フランス・イギリス　　エ　アメリカ・フランス・ドイツ

3 〈日清・日露戦争とその時代〉
次の各問いに答えなさい。

(1) 右の地図が示す戦争の名称と，戦争後の日本の
できごとの組み合わせとして正しいものを，次
のア〜エから1つ選べ。　　　　　[　　　]

　ア　日清戦争：賠償金の一部を使って，官営の
　　　製鉄所を設立した。
　イ　日清戦争：講和条約の内容に不満を持った
　　　国民は政府を攻撃し，暴動をおこした。
　ウ　日露戦争：三国干渉を受け入れ，講和条約
　　　により得た遼東半島を対戦国に返還した。
　エ　日露戦争：政府は，軍事・経済上の必要か
　　　ら，民間のおもな鉄道を国有化した。

🔑重要 (2) 日露戦争に勝利した日本は，アジアのある国に対する支配を強め，1910年にはその国
を日本の領土に併合して，植民地として支配した。その国を，次のア〜エから1つ選
べ。　　　　　　　　　　　　　　　　　　　　　　　　　　　　　　　　[　　　]
　ア　韓国(朝鮮)　　　イ　台湾　　　ウ　満州　　　エ　シンガポール

⚠ミス注意 (3) 日本の近代化が進むと，アジアの各地から，日本
に留学や亡命をする人が出てきた。右の資料の人
物は，日本に亡命した政治家の1人である。この
人物の名前を書け。　　　　[　　　　　　]

この人物は，三民主
義を唱え，亡命先の東
京で清を打倒するため
の運動を進めた。

4 〈日本の産業と科学の発達〉
次の各問いに答えなさい。

🔑重要 (1) 日清戦争で得た賠償金などをもとに建設され，その後の重工
業発展の基礎となった官営工場を何というか。その名称を書
け。また，その位置を，地図中のA〜Dから1つ選べ。

　　　　　名称[　　　　　　　]　位置[　　　]

(2) 20世紀初め，黄熱病の研究で世界的に有名となった人物を，次から1人選べ。
　ア　森鷗外　　　イ　野口英世　　　ウ　北里柴三郎　　　エ　志賀潔　　[　　　]

ヒント

1 (3) ノルマントン号の船長は，イギリスの領事裁判で無罪(再度の裁判でも軽罪)とされた。
2 (2) のちに，1904年から日本と戦争を始めた国を中心に，三国干渉が行われた。
3 (2) 1910年の併合後，1945年の日本の敗戦まで植民地となった。
　(3) 辛亥革命の翌年，中華民国の臨時大総統となった。
4 (1) 原料の鉄鉱石を中国から輸入するのに，最も都合のよい場所はどこかを考える。

1 〈条約改正と国際情勢の変化〉
右のカードについて，次の各問いに答えなさい。

(1) 下の文は，下線部の国際情勢の変化について述べたものである。文中の ［ a ］，
［ b ］にあてはまる国名の組み合わせとして正しいものを，あとの**ア〜エ**から１つ選べ。
[　　　]

> 悲願の条約改正
>
> 　日本は，不平等条約の改正に努力を続けてきたが，なかなか成功しなかった。しかし，国際情勢の変化もあり，不平等条約のなかの領事裁判権の撤廃に成功した。その後も，条約改正の努力を続け，経済発展に必要な ［ X ］ を回復し，不平等条約の改正が達成された。

> 　東アジアでさらに勢力を拡大しようとしている ［ a ］ に対抗するため，［ b ］ はわが国と手を結ぶ政策をとるようになり，1902年にわが国との条約を結んだ。

ア　a－フランス　b－イギリス　　　イ　a－フランス　b－ドイツ
ウ　a－ロシア　　b－イギリス　　　エ　a－ロシア　　b－ドイツ

⚠ミス注意 (2) カードの ［ X ］ には，輸入国が輸入品の税率を決める権利にあたる語句が入る。その語句を書け。
[　　　　　　　　　]

2 〈日清戦争と日露戦争〉
次の各問いに答えなさい。

(1) 日清戦争後には，ある半島をめぐって，日本のロシアに対する対抗心が強まった。これはロシアが中心となり，フランスやドイツとともに，日本に，あることを迫ったためである。ロシアなどはどのようなことを迫ったか。半島名を明らかにしながら，「下関条約で」という書き出しで，30字程度で説明せよ。

[下関条約で
　　　　　　　　　　　　　　　　　　　　　　　　　　　　　　　　　　　　　　]

(2) 日英同盟を結ぶ背景となった，満州におけるロシアの動きについて，「義和団事件」の語句を使い，「ロシアは，」の書き出しに続けて，簡潔に書け。

[ロシアは，
　　　　　　　　　　　　　　　　　　　　　]

差がつく (3) 1896年から1904年の期間の世界情勢を説明するために右の資料を用意した。この**資料**でケーキを食べているようすは何をあらわしているか。ケーキに例えられた国を明らかにして，簡潔に書け。

[
　　　　　　　　　　　　　　　　　　　　　　]

資料　ケーキを食べる欧米列強と日本

左からビルヘルム２世（ドイツ），ルーベ大統領（フランス），ニコライ２世（ロシア），明治天皇（日本），セオドア＝ローズベルト大統領（アメリカ），エドワード７世（イギリス）

3 〈日本の工業の発達〉

次の問いに答えなさい。

差がつく **資料Ⅰ**は，1886年〜96年の，日本における綿糸の国内生産量と輸入量の推移を示したものである。また，**資料Ⅱ**は京都の紡績工場のようすである。

資料Ⅰに示された，綿糸の国内生産量と輸入量の関係がどのように変化したかを，**資料Ⅱ**を見て，その理由もあわせて書け。

[   ]

資料Ⅰ　綿糸の国内生産量と輸入量の推移

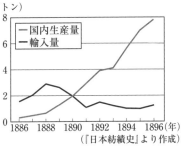

（『日本紡績史』より作成）

資料Ⅱ

4 〈近代の文学者〉

次の説明文にあてはまる人物の写真を，下の**ア〜エ**からそれぞれ選び，記号で答えなさい。

(1) 女性小説家。貧しい生活の中で，『たけくらべ』『にごりえ』などの短編小説を書いたが，20代なかばで，結核のため亡くなった。　　　　　　　　　[　　　　　]

(2) 陸軍の軍医となり，ドイツに留学した。小説家としては，ドイツでの体験を下敷きにしたといわれる『舞姫』や，歴史小説『阿部一族』などの作品がある。　　　[　　　　　]

(3) 松山中学（当時の中学は，現在の中学〜高校課程にあたる）の教師などを経て，イギリスに留学した。帰国後，『吾輩は猫である』『坊っちゃん』などの作品を書いた。　[　　　　　]

(4) 『みだれ髪』を発表した歌人。情熱的な作風で知られる。日露戦争へ従軍した弟を思う「君死にたまふことなかれ」でも名高い。　　　　　　　　　　　　　　[　　　　　]

ア　　　　　　　イ　　　　　　　ウ　　　　　　　エ

5 〈孫文とその時代〉

次の各問いに答えなさい。

(1) 孫文が唱えた民族の独立などからなる革命の指導理論の名称を書け。

[   ]

(2) このころの日本の対外関係について述べた次の**ア〜エ**の文を，年代の古い順に並べよ。

[　　　→　　　→　　　→　　　]

ア　日露戦争が始まる。　　　イ　日英同盟を結ぶ。

ウ　義和団事件に出兵する。　エ　韓国を併合する。

実力アップ問題

◎制限時間50分
◎合格点80点
▶答え 別冊p.23

点

1 右の年表を見て，次の各問いに答えなさい。　　　　　　　　　　　　　　〈4点×4〉

(1) 下線部 **a** に関して，この船は，日米修好
通商条約を正式に承認する文書の交換を
する使節とともに出発した。

年	おもなできごと
1853	ペリーが浦賀にくる
1854	**A** が結ばれる
1858	**B** が結ばれる
1860	a咸臨丸が浦賀を出航する
1871	b岩倉使節団が横浜を出発する
1905	cポーツマス条約が結ばれる

① 年表中の **A** ，**B** のうち，日
米修好通商条約があてはまるところを，
また下の　　　　の中からその内容を，
それぞれ選ぶとき，その組み合わせと
して最も適するものを，下の**ア**〜**エ**から1つ選べ。

> **Ⅰ** 神奈川(横浜)など5港を開き，アメリカと自由な貿易を行うこと。
>
> **Ⅱ** 下田・函館の2港を開き，アメリカ船へ燃料，水，食料を供給すること。

ア **A** とⅠ　　　**イ** **A** とⅡ　　　**ウ** **B** とⅠ　　　**エ** **B** とⅡ

② この船でアメリカに渡り，のちに『学問のすゝめ』などをあらわした人物を，次の**ア**〜
エから1人選べ。

ア 夏目漱石　　　**イ** 板垣退助　　　**ウ** 中江兆民　　　**エ** 福沢諭吉

(2) 下線部 **b** に関して，この使節団の一員であった伊藤博文に関連するできごとを，古い順に並
べたものとして最も適するものを，次の**ア**〜**エ**から1つ選べ。

ア 韓国に統監府が設置された→清国との間に下関条約が結ばれた→日本に内閣制度が創設
された

イ 日本に内閣制度が創設された→清国との間に下関条約が結ばれた→韓国に統監府が設置
された

ウ 日本に内閣制度が創設された→韓国に統監府が設置された→清国との間に下関条約が結
ばれた

エ 清国との間に下関条約が結ばれた→韓国に統監府が設置された→日本に内閣制度が創設
された

(3) 下線部 **c** に関して，この条約の内容として最も適するものを，次の**ア**〜**エ**から1つ選べ。

ア 日本は，樺太の南半分(北緯50度以南)を得た。

イ 日本は，台湾を得た。

ウ 日本は，樺太と交換する形で，千島列島を得た。

エ 日本は，琉球を国内に組み込んだ。

(1) ①		②		(2)		(3)	

2 右の年表を見て，次の各問いに答えなさい。　　　　　　〈⑴①・⑵②・⑶4点×3，⑴②③・⑵①8点×3〉

(1) 下線部 **a〜c** のできごとについて，次の問いに答えよ。

① 下線部 **a** の日米和親条約の締結によって開かれた日本の港を，次の**ア〜エ**から2つ選べ。

ア　函館　　イ　神奈川　　ウ　下田　　エ　長崎

② 下線部 **b** の徴兵令の内容を書け。

③ 下線部 **c** の日英間の条約改正によって不平等条約の一部改正が行われた。改正の内容を1つ書け。

年	おもなできごと
1854	a日米和親条約の締結
1871	廃藩置県の実施
1873	b徴兵令の公布
1889	大日本帝国憲法の発布
1894	c日英間の条約改正
	日清戦争の開始
1904	日露戦争の開始

A（1871〜1889）　B（1894〜1904）

(2) 年表中の **A** の期間について，次の問いに答えよ。

① 次の**ア〜エ**の政治に関するできごとを，年代の古い順に並べよ。

ア　内閣制度の創設　　　イ　西南戦争の開始

ウ　国会開設を約束　　　エ　民撰議院設立の建白書の提出

② この時期の産業に関するできごととして適切でないものを，次の**ア〜エ**から1つ選べ。

ア　富岡製糸場が官営工場としてつくられた。

イ　官営の八幡製鉄所が建設された。

ウ　飛脚にかわる郵便制度が始まった。

エ　鉄道が，新橋・横浜間に開通した。

(3) 年表中の **B** の期間のできごととして適切なものを，次の**ア〜エ**から2つ選べ。

ア　孫文を臨時大総統とする中華民国が成立した。

イ　朝鮮の江華島沖で日本の軍艦が砲撃された。

ウ　ロシア・ドイツ・フランスによる三国干渉により，日本は遼東半島を清に返還した。

エ　満州に軍隊を送るなど勢力を強めたロシアに対抗するため日英同盟が結ばれた。

(1)	①		②		
	③				
(2)	① 　→　　　→　　　→		②	(3)	

3 右の資料は，おもな輸出品の輸出額の推移をあらわしており，a〜dは，茶，生糸，綿糸，船舶のいずれかの品目である。bはそのうちのどれか。品目名を書きなさい。　　　〈4点〉

資料　明治期以降の品目別輸出額の推移

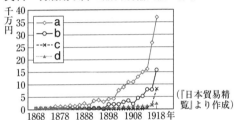

（『日本貿易精覧』より作成）

4 明治時代の教育について，次の各問いに答えなさい。 〈4点×4〉

(1) **資料**は，明治時代に出版され，人間の平等と自立を説き，多くの人々に影響をあたえた書物の一部である。この書物を何というか。

(2) 明治時代の教育について述べた次の**ア～エ**の文から，**年表**中の**A～C**の時期にあたるものをそれぞれ1つずつ選べ。

　ア 義務教育の年限が6年に改められ，小学校の就学率が97%を超えた。

　イ 教育勅語が発布され，教育のよりどころとされた。

　ウ 小学校令により，義務教育が3～4年と定められた。

　エ 学制により，6歳以上の男女がすべて小学校に行くことが定められた。

資料

> 天は人の上に人を造らず，人の下に人を造らずといへり。されば天より人を生ずるには，万人は万人皆同じ位にして，生れながら貴賤上下の差別なく，…

年表

時代	おもなできごと
明 治	明治政府の成立 ↕A 民撰議院設立の要求 ↕B 大日本帝国憲法の発布 ↕C 日露戦争

(1)		(2) A		B		C	

---

5 右の資料を見て，次の各問いに答えなさい。 〈(1)8点，(2)4点〉

(1) 資料中の　**X**　に最も適当なことがらを，「石炭」「鉄鉱石」「鉄道」「中国」という4つの語句を用いて，25字以上35字以内で書け。

(2) 八幡製鉄所がつくられたころのことがらとして最も適当なものを，次の**ア～エ**から1つ選べ。

　ア 内村鑑三は，戦争に反対したが，政府は戦争準備を進めていった。

　イ 大隈重信は，国会の早期開設を求めたため，政府からしりぞけられた。

　ウ 犬養毅は，軍部がつくった満州国について，承認に反対する態度をとった。

　エ 吉野作造は，普通選挙によって，民意を政治に反映させることを主張した。

資料　近代の都市

> 鉄鋼の需要が高まったため，政府は八幡製鉄所を，現在の北九州市につくりました。1907年当時の略地図を見ると，　**X**　ということから，鉄鋼を生産するために有利な条件であったことがわかりました。

(1)	
(2)	

6 右の年表を見て，次の各問いに答えなさい。

〈(1)・(2)3点×2，(3)6点〉

(1) 年表中の**A**の時期に行われた改革について
の説明として正しいものを，次の**ア**～**ウ**か
ら1つ選べ。

年	おもなできごと
1868	五箇条の御誓文が出される ┄┄┄┄ A
1880	国会期成同盟が結成される ┄┄┄┄ B
1889	大日本帝国憲法が発布される ┄┄┄
1890	第一回衆議院議員選挙が行われる ┄ C
1900	選挙権が拡大される ┄┄┄┄┄┄

ア 地租改正により，土地の所有者は収穫
高の3%を現金でおさめることとなった。

イ 徴兵令により，満20歳に達した男子は兵役の義務を負うこととなった。

ウ 飛脚制度が整えられ，全国均一の料金で手紙などが配達されるようになった。

(2) 次の文は，年表中の**B**の時期に行われた大日本帝国憲法の制定について説明したものである。
 X にあてはまる人名と， **Y** にあてはまる国名は，それぞれ何か。正しい組み合わ
せを，あとの**ア**～**エ**から1つ選べ。

> **X** は，ヨーロッパに留学して，君主権の強い **Y** の憲法を学び，帰国後はみずか
> らが中心となって憲法の草案を作成した。

ア **X** 板垣退助，**Y** フランス
イ **X** 伊藤博文，**Y** ドイツ
ウ **X** 伊藤博文，**Y** イギリス
エ **X** 大隈重信，**Y** フランス

(3) 右の**表Ⅰ**，**表Ⅱ**は，1890年と1900年における日
本の輸出入額および上位2品目と総額にしめる
割合をあらわしたものである。年表中の**C**の時
期には軽工業が発達したが，その発展の内容と
して2つの表から読み取れることを，次の2つ
の語句を用いて書け。 **輸出　綿花**

表Ⅰ 1890年の日本の輸出入額及び上位
2品目と総額にしめる割合

	総額 (万円)	上位2品目 ( ) は総額にしめる割合	
輸出	5,660	生糸 (24.5%)	緑茶 (10.7%)
輸入	8,173	綿糸 (12.2%)	砂糖 (10.3%)

表Ⅱ 1900年の日本の輸出入額及び上位
2品目と総額にしめる割合

	総額 (万円)	上位2品目 ( ) は総額にしめる割合	
輸出	20,443	生糸 (21.8%)	綿糸 (10.1%)
輸入	28,726	綿花 (20.7%)	砂糖 (9.3%)

（『日本貿易精覧　復刻版』により作成）

(1)		(2)		(3)	

---

7 次の各文は，日清戦争と日露戦争に関連して，右の地図の
a～**d**について述べたものである。内容が正しいものを，
ア～**エ**から1つ選びなさい。

〈4点〉

ア 日露戦争後，日本は**a**をロシアにゆずりわたした。

イ 日清戦争後，日本は**b**の独立を認めたが，清はこれを
拒否した。

ウ 日露戦争後，三国干渉で，日本は**c**を清に返還した。

エ 日清戦争後，日本は**d**を領有し，総督府
をおいた。

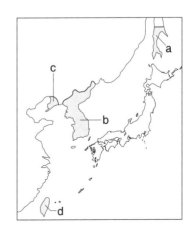

⑫第一次世界大戦と日本

重要ポイント

① 第一次世界大戦と戦後の国際協調

□ **大戦前のヨーロッパ**…三国同盟と三国協商の対立，バルカン半島での列強の対立。
　　　　　　　　　　　└ドイツ中心　└イギリス中心　　　　　└ヨーロッパの火薬庫

□ **第一次世界大戦**（1914〜18年）…サラエボ事件で開戦。総力戦となる。
　　　　　└潜水艦・飛行機・戦車・毒ガスなどの新兵器　　└オーストリア皇太子夫妻がセルビアの青年に暗殺される

□ **ロシア革命**（1917年）…レーニンの指導で世界初の社会主義政権であるソ連が成立。
　　　　　　　　　　　└ソビエト社会主義共和国連邦。ソビエト連邦ともいう

□ **日本の参戦**　日英同盟を口実に連合国側で参戦。1915年，中国に二十一か条の要求。

　　① **大戦景気**…日本は好景気にわき，輸出超過→物価の急上昇。
　　② **米騒動**…シベリア出兵による米の買い占めが原因で米価が急騰。
　　　　└ロシア革命への干渉戦争

□ **パリ講和会議**（1919年）…ベルサイユ条約調印→ドイツに巨額の賠償金。

□ **国際連盟の設立**（1920年）…アメリカ大統領ウィルソンの提案。新渡戸稲造が活躍。

□ **欧米諸国の動き**　① **アメリカ**…ワシントン会議（日英同盟の廃棄，主力艦の制限など）。② **イギリス**…労働党内閣の成立。③ **ドイツ**…ワイマール憲法の制定。

□ **アジアの民族運動**　① **中国**…五・四運動。② **朝鮮**…三・一独立運動。③ **インド**…ガンディーの「非暴力・不服従」の反英運動。

② 大正デモクラシー

□ **大正デモクラシー**…民主主義を求める風潮→吉野作
　造の民本主義，美濃部達吉の天皇機関説など。

□ **第一次護憲運動**…尾崎行雄らが桂太郎内閣を倒す。
　　└1912年。立憲政治を守る運動。第二次は1924年

□ **政党内閣**…米騒動ののち，立憲政友会の原敬が本格
　的な政党内閣を組織。社会運動には理解示さず。

□ **普通選挙制の実現**…1925年，普通選挙法が制定され，満25歳以上の男子に選挙権。
　同時に治安維持法を制定。
　　　　　　└共産主義に対する取りしまり

□ **社会運動の高まり**…戦後の不景気により労働運動（最初のメーデー）や小作争議が活
　発化。全国水平社の結成。平塚らいてうが青鞜社→市川房枝らと新婦人協会結成。
　　　　└部落解放運動　　　　　　　　　　└女性参政権獲得めざす

□ **関東大震災**（1923年）…東京・横浜などが大きな被害→東京は近代的都市へと変化。

□ **都市化と大正文化**　① **都市の生活**…西洋風の生活様式が流行。働く女性の増加。

　　② **大衆文化**…ラジオ放送開始。③ **文学**…白樺派，芥川龍之介，プロレタリア文学。
　　武者小路実篤・志賀直哉など┘　『鼻』『羅生門』など┘　　└小林多喜二『蟹工船』など

有権者数　　　　（20歳以上の人口）
0万人　1,000　2,000　3,000　4,000

1890年
男子満25歳以上
国税15円以上　　→45万人

1902年
男子満25歳以上
国税10円以上　　→98

1920年
男子満25歳以上
国税3円以上　　→307

1928年
男子満25歳以上　　1241

▲有権者数の増加

ポイント 一問一答

① 第一次世界大戦と戦後の国際協調

- □ (1) 第一次世界大戦前のヨーロッパで，イギリス中心の三国協商と対立していたのは，ドイツ中心の何という同盟か。
- □ (2) 第一次世界大戦のきっかけとなった事件は何か。
- □ (3) 1917年，レーニンを指導者に，世界初の社会主義政権を成立させた革命を何というか。
- □ (4) 日本は，何を口実に第一次世界大戦に参戦したか。
- □ (5) 1915年，日本が中国に対して出した要求を何というか。
- □ (6) 1918年，シベリア出兵を見こしての米の買い占めが原因でおこった，米の安売りなどを求める暴動を何というか。
- □ (7) 1919年に調印された，第一次世界大戦の講和条約を何というか。
- □ (8) 国際連盟の設立を提唱したアメリカの大統領はだれか。
- □ (9) 1921〜22年，アメリカの首都で開かれた軍縮会議は何か。

② 大正デモクラシー

- □ (1) 1912年，尾崎行雄らが「憲政擁護」を主張して桂内閣を倒した政治運動を何というか。
- □ (2) 吉野作造が，普通選挙によって民意を政治に反映させることなどを主張した考えを何というか。
- □ (3) 立憲政友会の原敬が1918年に組織した内閣は，その特徴から，本格的な，どのような内閣だといわれるか。
- □ (4) 普通選挙法と同時に制定された，共産主義者などを取りしまるための法律を何というか。
- □ (5) 1923年，東京や横浜をおそった災害を何というか。
- □ (6) 1925年に始まり，大衆の生活と結びついたメディアは何か。

 答

① (1) 三国同盟　(2) サラエボ事件　(3) ロシア革命　(4) 日英同盟　(5) 二十一か条の要求
(6) 米騒動　(7) ベルサイユ条約　(8) ウィルソン　(9) ワシントン会議
② (1) 第一次護憲運動　(2) 民本主義　(3) 政党内閣　(4) 治安維持法
(5) 関東大震災　(6) ラジオ放送

▶答え　別冊p.24

基 礎 問 題

1 〈第一次世界大戦と日本〉
次の**各問いに答えなさい**。

(1) 第一次世界大戦に関係するできごととして正しいものを，次から1つ選べ。　[　　　]

　　ア　オーストリア皇太子が暗殺された事件をきっかけに，戦争が始まった。
　　イ　日本は日独伊三国同盟を結んでいたので，同盟国側に加わった。
　　ウ　フランスでは戦争や皇帝の専制に対する不満が高まり，革命がおこった。
　　エ　アメリカで講和会議が開かれ，ポーツマス条約が結ばれた。

(2) 第一次世界大戦に関して，次の問いに答えよ。

資料Ⅰ

　　① **資料Ⅰ**は，第一次世界大戦に登場した武器であり，**資料Ⅱ**は，兵器工場で働く労働者のようすである。**資料Ⅰと資料Ⅱ**を見て，第一次世界大戦の特徴を説明せよ。
　　　[　　　　　　　　　　　　　　　　　　　　　　]

　　② 第一次世界大戦の講和会議で，国際連盟の設立が決められた。国際連盟に関することがらとして誤っているものを，次の**ア〜エ**から1つ選べ。　[　　　]

資料Ⅱ

　　ア　ウィルソン大統領の提案で設立が決められた。
　　イ　新渡戸稲造が事務局次長をつとめた。
　　ウ　アメリカ合衆国は常任理事国であった。
　　エ　ドイツは当初は除外されたが，のちに加盟した。

●重要(3) 米騒動の発生には，これと同じ年のあるできごとが深く関係している。そのできごとを次の【語群】から1つ選べ。また，下の文の□□□にあてはまる県名を書け。

　　【ワシントン会議　　辛亥革命　　世界恐慌　　シベリア出兵】

　　　このときの米騒動は□□□県で始まり，これが新聞で報道されると全国に広がっていった。騒動は約3か月にわたり，政府は軍隊を出動させてこれをしずめた。

　　　　　　　　　できごと[　　　　　　　]　県名[　　　　　　　]

資料Ⅲ

●重要(4) 現在のインドがふくまれる地域では，第一次世界大戦後，イギリスに対する非暴力・不服従運動が見られた。この運動を指導した**資料Ⅲ**の人物はだれか。

　　　　　　　　　　　　　　[　　　　　　　]

2 〈大戦景気〉

第一次世界大戦について，次の各問いに答えなさい。

ミス注意 (1) 大戦中の日本の景気は，好景気，不景気のどちらであったか。**図Ⅰ**を参考にして答えよ。

[　　　　　　]

(2) 労働者の生活のようすを，**図Ⅱ**をもとにして書け。ただし，「物価」「賃金」という語句を使うこと。

[　　　　　　　　　　　　　　　　　　　　]

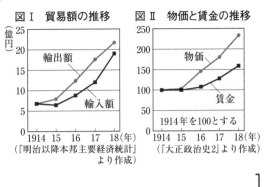

図Ⅰ　貿易額の推移

(億円)
25
20
15
10
5
0
輸出額
輸入額
1914
15
16
17
18(年)

(『明治以降本邦主要経済統計』より作成)

図Ⅱ　物価と賃金の推移

250
200
150
100
50
0
物価
賃金
1914年を100とする
1914
15
16
17
18(年)

(『大正政治史2』より作成)

3 〈大正デモクラシーと社会運動〉

次の各問いに答えなさい。

(1) 次の文を読んで，下の問いに答えよ。

> 第一次世界大戦中に世界的な民主主義の風潮が高まると，わが国でも**a**デモクラシーが唱えられ，自由主義の風潮が高まった。このような動きを背景にして，岩手県出身の[　　　]を首相とする**b**本格的な政党内閣が成立した。

① 下線部**a**について，このころに，民衆の意見を政治に反映させる民本主義を主張した政治学者はだれか。 [　　　　]

ミス注意 ② 文中の[　　　]にあてはまる首相名を書け。 [　　　　]

③ 下線部**b**について，この内閣が本格的な政党内閣といわれる理由を，簡潔に書け。

[　　　　　　　　　　　　　　　　　　　　]

重要 (2) 普通選挙法により，どのような人々に選挙権があたえられたか。

[　　　　　　　　　　　　　　　　　　　　]

(3) 大正時代の**ア**～**ウ**のできごとを，年代の古い順に並べよ。 [　　→　　→　　]

ア　男子普通選挙の実現　　**イ**　第一次護憲運動　　**ウ**　本格的な政党内閣の成立

(4) 次の文の{　　}から適当なものを1つずつ選べ。 **a**[　　] **b**[　　]

> 女性解放を唱えた**a** {**ア**　樋口一葉　　**イ**　平塚らいてう} は，**b** {**ウ**　自由党　**エ**　青鞜社} を結成し，さらに新婦人協会を設立した。

ヒント

1 (2) ②提唱国は，議会の反対で国際連盟には加盟しなかった。
(3) 米騒動は，北陸の魚津町の漁村(現在の魚津市)から全国に広がっていった。

2 (2) 賃金も上がっているが，それ以上に物価も上がっている点に着目。

3 (4) **a**の人物は，創刊した雑誌で「元始，女性は実に太陽であった」と宣言した。

標準問題

1 〈第一次世界大戦と日本の大戦景気〉
次の各問いに答えなさい。

(1) 当時「ヨーロッパの火薬庫」とよばれ，第一次世界大戦のきっ
かけともなった事件のおこった都市がある，バルカン半島の位置を，
地図中の**ア～エ**から1つ選べ。　　　　　　　　[　　]

差がつく(2) 図Ⅰと図Ⅱは，1910年代に関する資料である。
図Ⅰの**A**の時期のわが国の景気について，この
時期におこった戦争名を用いて，**図Ⅱ**から読み
取れることを関連づけて書け。

[　　　　　　　　　　　　　　　　]

重要(3) 第一次世界大戦末期の1918年に，わが国やアメ
リカなどの国々は，ロシア革命の自国への影響
をおそれて，革命政府に干渉するために軍隊を
派遣した。このできごとは何とよばれているか。

[　　　　　　　　　　　]

図Ⅰ　1910年代の日本の貿易額の推移

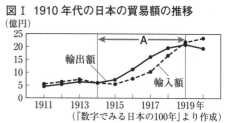

(『数字でみる日本の100年』より作成)

図Ⅱ　Aの時期の日本の工業生産額と内訳

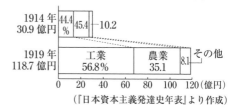

(『日本資本主義発達史年表』より作成)

(4) パリ講和会議について述べた文として誤ってい
るものを，次の**ア～エ**から1つ選べ。　[　　]

ア ロシア代表として参加したレーニンは，民族自決の考えを提案した。

イ 敗戦国であるドイツは，巨額の賠償金の支払いを命じられた。

ウ 日本は，中国におけるドイツ権益を引き継ぐことを認められた。

エ 平和を守る最初の国際機関として国際連盟の設立が決まった。

2 〈アジアの民族運動〉
次の各問いに答えなさい。

(1) ガンディーについて述べた文として最も適当なものを，次の**ア～エ**から1つ選べ。　[　　]

ア 三民主義をかかげ，近代的国家をつくる活動の中心となった。

イ 完全な自治を求め，非暴力・不服従の抵抗運動をおこした。

ウ 労働者・農民・兵士の代表会議(ソビエト)を指導した。

エ 大規模な公共事業などを行うニューディール政策をとった。

(2) ベルサイユ条約で，日本は中国におけるドイツの権益を引き継ぐこととなった。このことを
きっかけに中国でおこったできごととして最も適当なものを，次の**ア～エ**から1つ選べ。

[　　　　]

ア 二・二六事件　　**イ** 三・一独立運動　　**ウ** 五・四運動　　**エ** 五・一五事件

3 〈第一次世界大戦と大正デモクラシー〉
次の各問いに答えなさい。

⚠️ミス注意 (1) 右の資料は，第一次世界大戦中の1915年に出された要求の一部を要約したものである。この要求はどの国からどの国に出されたものか。次の空欄をうめる形で書け。なお②は当時の国名で答えよ。

> 一．（ ② ）政府は，ドイツが山東省に持っているいっさいの権利を（ ① ）にゆずること。
> 一．日本の旅順・大連の租借の期限，南満州鉄道の利権の期限を99か年延長すること。
> 一．（ ② ）政府は，南満州・東部内蒙古における鉱山の採掘権を（ ① ）国民にあたえること。

この要求は①（　　　　　）から②（　　　　　）に出された。

① [　　　　　]　② [　　　　　]

📕差がつく (2) 右のグラフは，衆議院議員選挙における，全人口に占める有権者の割合の推移を示したものである。1928年に行われた選挙における有権者数がいちじるしく増加している理由を，1928年より前の選挙における有権者の資格がわかるように，簡潔に書け。

1890年
1902年
1920年
1928年
1946年

0 10 20 30 40 50 60(%)
（『衆議院議員選挙の実績』より作成）

[　　　　　　　　　　　　　　　　　　　　　　　　　　　]

(3) 1919年にベルサイユ条約が結ばれた当時の日本の社会について述べている文を，次のア〜エから1つ選べ。　[　　　]

ア　水俣病やイタイイタイ病など，各地で公害問題が深刻化した。
イ　殖産興業が進められ，富岡製糸場などの官営工場がつくられた。
ウ　ロシア革命や米騒動の影響により，各地でさまざまな社会運動がおこった。
エ　日清戦争の賠償金などをもとに，八幡製鉄所が建設された。

⚠️ミス注意 (4) 1922年，部落差別の撤廃を求める人たちがつくった全国組織である□□□が結成された。□□□にあてはまる語句を書け。　[　　　　　]

(5) 大正時代のできごとについて適切に述べている文を，次のア〜エから1つ選べ。　[　　　]

ア　大都市の小学生を地方に集団で疎開させた。
イ　西洋の生活様式が取り入れられ，太陽暦が採用された。
ウ　満20歳以上の男女に選挙権があたえられ，女性議員も生まれた。
エ　労働者の団結が進み，日本で初めてのメーデーが開かれた。

(6) 大正時代には，都市の市民生活にさまざまな変化が見られた。このころの都市の生活のようすについて述べている文はどれか。次のア〜エから1つ選べ。　[　　　]

ア　テレビ，洗濯機などの家庭電化製品が普及した。
イ　牛肉を煮込んだ鍋料理が流行し，パンも食べられるようになった。
ウ　寺子屋で，読み，書き，そろばんを習う子どもが増えた。
エ　一部を洋間にした新しい様式の住宅（文化住宅）が流行した。

⑬ 世界恐慌と日本の中国侵略

重要ポイント

① 世界恐慌とファシズム

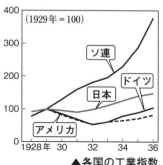

▲各国の工業指数

☐ **世界恐慌**(1929年)　アメリカのニューヨークで株価が
→第一次世界大戦後，世界経済の中心

大暴落→恐慌→全資本主義国に広がる。

① **ニューディール政策**(アメリカ)…1933年，フランクリン=ローズベルト大統領が始める→政府が大規模な公共事業(**TVA**など)をおこし，失業者を
→テネシー川流域開発公社
救済して国民の購買力を高め，労働組合を保護する政策。

② **ブロック経済**(イギリス・フランス)…植民地との関係を強化。**外国製品を排除**。
→外国商品に高い関税をかける

③ **五か年計画**(ソ連)…**スターリン**が1928年に始めた。ソ連は社会主義国のために
→独裁政治を行う
恐慌の影響を受けず，農業の集団化を進め，工業国に発展。

☐ **ファシズム**　民主主義や基本的人権を否定し，軍事力で領土を拡大する動き。

① **イタリア**…ムッソリーニ率いるファシスト党が独裁→エチオピアを侵略。

② **ドイツ**…1933年，ヒトラー率いる**ナチス**が政権をにぎる→市民の言論の自由をうばい，一党独裁を行う→国際連盟を脱退→再軍備宣言→ユダヤ人を迫害。

② 日本の中国侵略

☐ **日本経済のゆきづまり**…昭和恐慌→農民の生活が苦しくなり，都市でも多くの会社が倒産し，失業者が増加→**小作争議・労働争議の増加**→財閥の独占が進む。

☐ **国民政府の樹立**…中国国民党の**蔣介石**が国内統一を進める。
→チャンチェシー

☐ **満州事変**(1931年)…日本軍(関東軍)が**柳条湖事件**を機に軍事行動→翌年，満州国建
→リウティアオフー
国→国際連盟は満州国を認めず，日本軍の満州からの撤兵を勧告→連盟脱退。

☐ **五・一五事件**(1932年)…海軍の青年将校らが**犬養毅**首相を殺害→政党政治中断。

☐ **二・二六事件**(1936年)…陸軍の青年将校らが政治家ら襲撃→軍部の発言力強まる。
→一時都心部を占拠

☐ **日中戦争**(1937〜45年)…**盧溝橋事件**をきっかけに開戦→**南京事件**→長期化。
→北京郊外

☐ **抗日民族統一戦線**…中国で国民党と共産党が手を結び，日本軍に抵抗。
→毛沢東

☐ **戦時体制の強化**…**国家総動員法**の制定。**大日本産業報国会**，**大政翼賛会**の結成など。
→国民や物資を戦争目的の　　→労働組合を解散　　　　→政党・政治団体の解散
　ために動員できる法律

ポイント 一問一答

① 世界恐慌とファシズム

□ (1) 1929年，アメリカから全資本主義国に広まった大不況を何というか。

□ (2) 1933年，(1)の大不況への対策としてニューディール政策を実施したアメリカの大統領はだれか。

□ (3) イギリスやフランスが行った，植民地との関係を強化し，外国製品をしめだすという(1)への対策を何というか。

□ (4) 主要国の中で，唯一，世界恐慌の影響を受けなかった国はどこか。

□ (5) (4)の国で行われていた経済政策を何というか。

□ (6) イタリアでファシスト党を率い，独裁政治を行った人物はだれか。

□ (7) 1933年，ドイツで政権をにぎり，首相となったナチスの党首はだれか。

□ (8) イタリアやドイツなどで台頭した，民主主義を否定し，軍事力で領土の拡大をはかる独裁主義を何というか。

② 日本の中国侵略

□ (1) 1927年，中国で国民政府を樹立した人物はだれか。

□ (2) 満州事変は，何というできごとがきっかけでおこったか。

□ (3) 1933年，日本は，満州国を承認せずに日本軍の満州からの撤兵を勧告した，何という国際組織から脱退したか。

□ (4) 1932年，海軍の青年将校らが当時の首相を殺害した事件を何というか。

□ (5) (4)の事件において殺害された首相はだれか。

□ (6) 1936年，陸軍の青年将校らが首相官邸などをおそったできごとを何というか。

□ (7) 1937年，盧溝橋事件を機に始まった戦争を何というか。

□ (8) 国民や物資を戦争目的のために動員できることを定めた法律を何というか。

---

① (1) 世界恐慌　(2) フランクリン＝ローズベルト　(3) ブロック経済　(4) ソ連

(5) 五か年計画　(6) ムッソリーニ　(7) ヒトラー　(8) ファシズム

② (1) 蔣介石　(2) 柳条湖事件　(3) 国際連盟　(4) 五・一五事件　(5) 犬養毅　(6) 二・二六事件

(7) 日中戦争　(8) 国家総動員法

基礎問題

▶答え　別冊p.25

1 〈世界恐慌とその対策〉
次の各問いに答えなさい。

(1) 右のグラフは，日本と他の2か国の鉱工業生産指数を，
世界恐慌がおきた年を100として作成したものである。
また，次の**X**〜**Z**は，グラフ中の**a**国，**b**国および日
本のいずれかの国のこのころのようすを述べた文である。

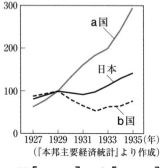

(『本邦主要経済統計』より作成)

グラフ中の**a**国，**b**国のうち，世界恐慌の影響を受
けなかった国はどちらか。また，**X**〜**Z**のうち，その
国のようすを述べた文はどれか。
国[　　　]　文[　　　]

> **X** それまでの自由経済から方針を転じて，「新規まき直し」とよばれる政策をと
> った。
> **Y** 共産党の独裁体制をしき，「五か年計画」をかかげて，工業化と農業の集団化
> を強行した。
> **Z** 農作物の価格が暴落するなどしたが，貿易では為替相場の下落などにより綿製
> 品などの輸出が増えた。

(2) 右のグラフは，1927年から1937年における，
わが国の輸出額の推移をあらわしたもので
ある。グラフ中に　　　で示したのは，世
界恐慌の影響を受けた期間である。これ以
前に，日本はすでに不景気であったが，そ
の理由として最も適当なものを，次の**ア**〜
エから1つ選べ。　　　　　　[　　　]

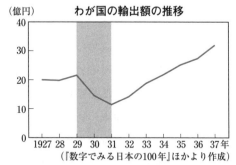

わが国の輸出額の推移

(『数字でみる日本の100年』ほかより作成)

ア 第一次世界大戦でヨーロッパが主戦場になった影響が，日本にもおよんだこと。
イ 連合国軍の大型爆撃機による日本本土への大規模な空襲が始まったこと。
ウ 欧米諸国と結んでいた不平等条約が改正され，関税自主権が回復したこと。
エ 関東大震災の打撃に続いて，金融恐慌がひきおこされたこと。

(3) 世界恐慌に対して，イギリスやフランスなどが行った，自国と植民地との関係を強化
し，他国に高い関税をかける政策を何というか。　　　　　　[　　　　　　]

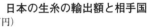

2 〈日本経済のゆきづまり〉

世界恐慌の影響について，日本の生糸(きいと)産業が受けた影響とその理由を，右の資料を参考にして，それぞれ簡潔に書きなさい。

影響 [   ]

理由 [   ]

日本の生糸の輸出額と相手国

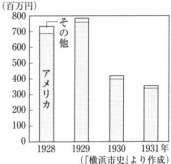

（百万円）

『横浜市史』より作成

3 〈中国への侵略(しんりゃく)〉

次の各問いに答えなさい。

⚠️ミス注意 (1) 関東軍がおこした軍事行動とそれをめぐる問題は，右の新聞記事が伝えている採択(さいたく)につながった。1931年に始まった下線部の軍事行動を何というか。 [   ]

(2) 1933年に日本が国際連盟を脱退したのは，この年の国際連盟の総会での，右下の地図中の ▨▨▨ の地域にかかわる決議が原因だった。その決議において，日本が求められたことはどのようなことだったか。この地域の，当時の日本における名称を使って，1つ書け。

[   ]

(3) 右下の絵は，1937年に発行された雑誌に掲載(けいさい)されたもので，軍人の靴と国会議事堂をえがくことによって，当時の政治状況(じょうきょう)を象徴(しょうちょう)的に示している。この絵について，次の問いに答えよ。

① 1936年に，陸軍の青年将校らが，首相官邸(かんてい)などを襲撃(しゅうげき)し，国会議事堂周辺を占拠(せんきょ)するという事件がおこった。この事件は何とよばれるか。 [   ]

② 1937年以後のことがらを，次のア〜エから1つ選べ。

ア 国家総動員法(こっかそうどういんほう)　イ 治安維持法(ちあんいじほう) [   ]

ウ 関東大震災　エ 新聞紙条例

ヒント

1 (1) 世界恐慌の影響を受けなかったのは，どのような経済体制の国かを考える。

(3) 高い関税で貿易からしめだされた他国は，この政策への反発を強めた。

2 1930年の輸出額は，前年の約半分に減っていることに着目する。

3 (2) 1932年に派遣(はけん)されたリットン調査団は，この軍事行動は正当な防衛行動ではないという報告書を国際連盟に提出した。

(3) ②戦時体制のもとで制定された法律などを考える。

標　準　問　題

▶答え　別冊p.26

1 〈世界恐慌（きょうこう）〉

次の各問いに答えなさい。

(1) 世界恐慌について，**資料Ⅰ**の　**X**　にあてはまる国を，
次の　　　　　から１つ選べ。　　　　[　　　　　　　]

> アメリカ　　ソ連　　イギリス

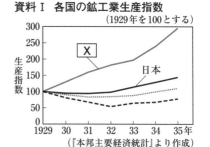

資料Ⅰ　各国の鉱工業生産指数
（1929年を100とする）
（『本邦主要経済統計』より作成）

(2) **資料Ⅱ**は，1925年から1937年までの日本の輸出額の
変化を示している。1929年の世界恐慌で落ちこんだ
輸出額が，1931年を境に回復している。そのきっか
けと考えられるできごとは何か。[　　　　　　　]

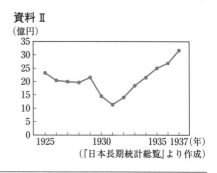

資料Ⅱ
（億円）
（『日本長期統計総覧』より作成）

(3) 世界恐慌に関して，次の問いに答えよ。

差がつく① 次の文中の　　　　にあてはまる最も適当な言葉を，
「公共事業」「失業者」の２つの語句を用いて，20
字以内（読点もふくむ）で書け。

> アメリカ合衆国では，農産物価格の安定を図るとともに，　　　　　，景気の回復をは
> かった。これらは，ニューディール政策とよばれた。

[　　　　　　　　　　　　　　　　　　　　　　　　　　　　　　　　　　　　　]

② ①のニューディール政策を行ったアメリカ大統領を，次の**ア〜エ**から選べ。　　[　　　]

　ア　リンカン　　　　　**イ**　フランクリン＝ローズベルト

　ウ　ウィルソン　　　　**エ**　セオドア＝ローズベルト

差がつく(4) 世界恐慌について，イギリスやフランスでは，ブロック経済によってこれを乗り切ろうとした。
このブロック経済を，次の３語を用いて説明せよ。

> 外国　　植民地　　関税

[　　　　　　　　　　　　　　　　　　　　　　　　　　　　　　　　　　　　　]

2 〈大正（たいしょう）〜昭和（しょうわ）前期の政治の動き〉

日本の政治のようすについて述べた次のア〜ウの文を，時期の古い順に並べなさい。

[　　　→　　　→　　　]

　ア　海軍の青年将校らが首相官邸（かんてい）をおそい，満州事変（まんしゅうじへん）に否定的であった首相を暗殺した。

　イ　陸軍の青年将校らが首相官邸などをおそう事件がおこった。

　ウ　立憲政友会（りっけんせいゆうかい）の原敬（はらたかし）が，大臣の多くを政友会の党員で組織する内閣を成立させた。

3 〈軍国主義への道〉
次の各問いに答えなさい。

資料Ⅰ　爆破された線路を調べる調査団

(1) 1931年，日本軍が満州事変をおこし，翌年「満州国」が建国された。これによって，国際連盟は**資料Ⅰ**のような調査団を派遣した。その報告書によって国際連盟は総会で，日本軍が満州国から撤退するよう求めた。このあと日本は外交上どのような状況に追い込まれたか。**資料Ⅱ**を参考にして，「脱退」と「孤立」という2つの語句を使って，簡潔に書け。

[　　　　　　　　　　　　　]

資料Ⅱ　国際連盟総会から日本代表が退場したことを伝える新聞

(2) 犬養毅内閣について述べたものを，次の**ア〜エ**から1つ選べ。　[　　]

ア ロンドン海軍軍縮会議で欧米と協調して条約に調印したが，首相は右翼の一青年に狙撃されて重傷を負い，退陣した。

イ 米騒動の直後，陸軍・海軍・外務の3大臣以外はすべて立憲政友会党員で組織する，本格的な政党内閣として成立した。

ウ 納税条件を撤廃し，25歳以上の男子に選挙権をあたえる普通選挙法を成立させた。

エ 満州事変後に，関東軍が建国させた満州国の承認に反対する態度をとったが，首相は海軍将校の一団に暗殺された。

(3) 五・一五事件後の日本の政治状況はどのように変化したか。最も適当なものを，次の**ア〜エ**から1つ選べ。　[　　]

ア 治安維持法が制定され，社会主義者などが弾圧された。

イ 議院内閣制が確立するようになった。

ウ 政党が解散させられ，大政翼賛会が結成された。

エ 政党政治が中断した。

(4) 二・二六事件は，陸軍の青年将校らが大臣などを殺害し，東京の中心部を一時占拠した事件であった。この事件はその後のわが国の政治にどのような影響をあたえたか。「軍部」という語句を使って，簡潔に書け。

[　　　　　　　　　　　　　]

(5) 1937年7月7日，北京郊外の盧溝橋で日本と中国の軍隊が衝突する事件がおこった。これをきっかけに，日本と中国の全面的な戦争となった。この戦争が長引くことにより，国家予算の大部分が軍事費にあてられるようになった。この事件の翌年に定められた，政府が国民生活全体を統制できる法律を何というか。　[　　]

5章 2度の世界大戦と日本

⓮第二次世界大戦とアジア

重要ポイント

① 第二次世界大戦

☐ **ヨーロッパでの戦争** 枢軸国と連合
　└→ドイツ・イタリア・
　　　日本など
国の対立。
└→イギリス・フランス・アメリカなど

▲アジア・太平洋での戦争

① **ドイツの領土拡大**…1938年，オーストリア，チェコスロバキア西部を併合。

② **独ソ不可侵条約**(1939年)…ドイツが東部戦線の安全をはかる。

③ **第二次世界大戦**…1939年，ドイツのポーランド侵攻で開戦。
　　　　　　　　　　　　　　└→イギリス・フランスがドイツに宣戦布告

④ **枢軸国の進撃**…1940年，ドイツがフランス占領。1941年，独ソ戦の開始。ナチ
　　　　　　　　　　　　　　　　　　　　　　　　　　　　　　└→イギリス・アメリカの大西洋憲章
スがユダヤ人迫害→アウシュビッツ強制収容所での大量虐殺。

☐ **太平洋戦争への道**…「大東亜共栄圏」を提唱→フランス領インドシナ北部に進駐
　　　　　　└→アジア・太平洋戦争ともいう　　　　　　　　　　　　　　　└→ベトナムなどインドシナ3国
(東南アジアの資源獲得が目的)→日独伊三国同盟締結→アメリカなどがＡＢＣＤ包
　　　　　　　　　　　　　　　　　　　　　　　　　アメリカ・イギリス・中国・オランダ4国が経済封鎖└→
囲陣→日ソ中立条約締結→フランス領インドシナ南部へ進駐。

☐ **太平洋戦争の開戦**…1941年12月8日，日本軍がハワイの真珠湾にあるアメリカ軍
基地を奇襲し，アメリカと開戦→同時にマレー半島に上陸し，イギリスとも開戦
→1942年6月，ミッドウェー海戦で敗れ，戦況は不利に。
　　　　　　　　　　　　　　　　　　　　└→1944年7月にはサイパン島陥落。東条内閣退陣

② 戦時下の国民生活と戦争の終結

☐ **戦時下の生活**…国民生活は窮乏→配給制。学徒出陣。勤労動員。空襲→学童疎開。
　　　　　　　　　　　　　　　　　　　　兵力不足を補うため└→　　　　　　　都市の小学生が集団で農村に避難└→

☐ **占領下のアジア**…東南アジアで日本への抵抗運動が強まる。朝鮮人・中国人を強制
労働。朝鮮では創氏改名を強制。東アジア・東南アジアでは一般の人々も犠牲に。

☐ **ヨーロッパでの戦争終結**…1943年ごろ，連合国軍の反撃開始→1943年，イタリア
降伏→1944年，パリ解放→1945年5月，ドイツ降伏。

☐ **太平洋戦争の終結**…1945年2月，ヤルタ会談(ソ連の対日参戦など)→3月，東京
大空襲→4月，アメリカ軍が沖縄上陸・占領→7月，ポツダム会談(ポツダム宣言
　　　　　　　　　　　　　　　　　　　　　　　　　　　　　　アメリカ・イギリス・中国の名で発表└→
の発表)→広島に原子爆弾投下→ソ連の対日参戦→8月14日，日本，ポツダム宣言
　　　　　└→8月6日。9日には長崎にも投下　└→8月8日に宣戦　　　　　　　　日本の降伏条件を示す└→
を受諾し降伏→8月15日，天皇がラジオ放送で国民に伝える→第二次世界大戦終結。

テストでは**ココ**がねらわれる

●第二次世界大戦と太平洋戦争のきっかけをおさえておこう。
●配給制，学徒出陣，勤労動員，空襲，学童疎開などの語句の意味を理解しておこう。
●日本の降伏への過程はよく問われるので，月ごとに整理しておきたい。

ポイント **一問一答**

① 第二次世界大戦

□ (1) ドイツ・イタリア・日本などの枢軸国に対し，イギリス・フランス・アメリカなどの国々を何というか。

□ (2) 1939年，ドイツとソ連は何という条約を結んだか。

□ (3) 1939年，ドイツがどこの国に侵攻したことで第二次世界大戦が始まったか。

□ (4) 1941年，(2)の条約を無視して，ヨーロッパで始まった戦いを何というか。

□ (5) ドイツが占領したヨーロッパ各地で虐殺などの迫害を受けたのは何という民族か。

□ (6) 1940年，日本がドイツ，イタリアと結んだ軍事同盟を何というか。

□ (7) フランス領インドシナへ進駐した日本に対して，アメリカなどがとった経済封鎖を何というか。

□ (8) 1941年12月8日，日本軍がハワイ真珠湾のアメリカ軍基地などを攻撃して始まった戦争を何というか。

□ (9) アメリカが反撃に転じるのは，日本が何という海戦に敗れてからか。

② 戦時下の国民生活と戦争の終結

□ (1) 太平洋戦争では，それまで徴兵が猶予されていた学生も召集されるようになった。これを何というか。

□ (2) 都市部への空襲が激しくなると，大都市の小学生は集団で地方へ避難した。これを何というか。

□ (3) 朝鮮の人々に，姓名を日本式に改めることを強制した政策を，何というか。

□ (4) 太平洋戦争末期の1945年，一般の市民を巻きこむ激しい地上戦が行われた県はどこか。

□ (5) 広島と長崎に投下された核爆弾を何というか。

□ (6) 1945年8月，日本は何という宣言を受諾し，降伏したか。

答

① (1) 連合国　(2) 独ソ不可侵条約　(3) ポーランド　(4) 独ソ戦　(5) ユダヤ人
(6) 日独伊三国同盟　(7) ＡＢＣＤ包囲陣　(8) 太平洋戦争　(9) ミッドウェー海戦
② (1) 学徒出陣　(2) 学童疎開　(3) 創氏改名　(4) 沖縄県　(5) 原子爆弾（原爆）　(6) ポツダム宣言

基礎問題

▶答え　別冊p.26

1 〈第二次世界大戦と日本〉
次の各問いに答えなさい。

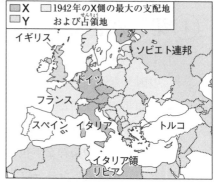

□X □1942年のX側の最大の支配地
□Y 　および占領地

イギリス
ソビエト連邦
ドイツ
フランス
スペイン　イタリア
トルコ
イタリア領
リビア

※国境線は現在のもの。

⚠️ミス注意 (1) 右の地図は，第二次世界大戦のヨーロッパにおける初期の勢力図を示したものである。地図中の**X**，**Y**の陣営は，それぞれ何とよばれたか。

X [　　　　　　　　　]
Y [　　　　　　　　　]

(2) 第二次世界大戦に関し，次の説明文は開戦にいたる過程を述べたものである。説明文中の（　　）にあてはまる文を，「ソ連」「ポーランド」の2語を用いて書け。

[　　　　　　　　　　　　　　　　　　　　　　　　　　　]

説明文

> ドイツは，オーストリアなどを併合し，イタリアと軍事同盟を結んだ。
> その後，ドイツは，（　　　　　　　　　　　　　　）。
> これに対し，イギリスとフランスがドイツに宣戦し，第二次世界大戦が始まった。

(3) 満州事変のあと，日本は国際連盟を脱退し，国際的に孤立していく一方で，1940年に2つの国と三国同盟を結んだ。これらの2つの国を，次の**ア〜カ**から2つ選べ。

[　　][　　]

ア　イギリス　　　イ　フランス　　　　　ウ　アメリカ合衆国
エ　ドイツ　　　　オ　ソビエト連邦　　　カ　イタリア

(4) 1938年に国家総動員法が公布されたころと最も近い世界のできごとを，次の**ア〜エ**から1つ選べ。また，この法律と最も関係のある日本のようすを，右の**a〜d**から1つ選べ。

できごと [　　]
日本のようす [　　]

ア　東西陣営による冷たい戦争が始まる。
イ　ロシア革命がおこる。
ウ　ドイツがソ連と不可侵条約を結ぶ。
エ　国際連盟が成立する。

a 石油危機おこる

b テレビ放送始まる

c 米の配給制始まる

d ラジオ放送始まる

2 〈太平洋戦争と戦時中のようす〉
次の各問いに答えなさい。

(1) 世界恐慌から日本が連合国に無条件降伏するまでの期間におこったできごとに関する当時の新聞の見出しを図書館で集めた。次の　　　中の**a～c**の見出しのできごとを古い順に並べたものとして最も適するものを，下の**ア～エ**から1つ選べ。　[　　]

> **a** 「広島へ新型爆弾」
> **b** 「日独伊三国同盟成る」
> **c** 「帝国，米英に宣戦を布告」

ア a→b→c　　**イ** b→a→c　　**ウ** b→c→a　　**エ** c→b→a

(2) 第二次世界大戦のころと最も関係の深いものを，次の**ア～エ**から1つ選べ。[　　]
ア 大逆事件　　**イ** 大政翼賛会　　**ウ** 米騒動　　**エ** 第一次護憲運動

(3) 次の**A～C**は，ポツダム宣言の作成にかかわった3国について，それぞれの国と日本との太平洋戦争中におけるかかわりをまとめたものである。それぞれに関係のある国はどこか。国名を書け。

A[　　　　] B[　　　　] C[　　　　]

A この国は，1945年8月8日，日本との中立条約を破棄し，満州に攻めこんだ。
B この国は，1945年8月6日と9日の2度にわたって日本に原子爆弾を投下した。
C この国は，1941年12月8日，マレー半島に軍隊を上陸させた日本と戦争となった。

(4) 次の**ア～エ**のできごとを年代の古い順に並べ替えよ。

[　　→　　→　　→　　]

ア アメリカ軍が沖縄本島に上陸を始めた。　**イ** ドイツが連合軍に降伏した。
ウ ポツダム宣言が発表された。　**エ** イタリアが連合軍に降伏した。

(5) 満州事変がおきた年に生まれた女性が女学校に通っていたときに，「勤労動員」で軍需工場で働いたことがあった。この「勤労動員」が行われた背景として最もふさわしいものを，次の**ア～エ**から1つ選べ。　[　　]
ア 治安維持法により，多くの人が警察に検挙されたから。
イ 多くの人々が戦場に送られ，国内の労働力が不足したから。
ウ 満州国などへの移住が進み，国内の労働力が不足したから。
エ 敗戦後，捕虜になるか工場で働くか，選ばなければならなかったから。

ヒント
- ①(3) 日独伊三国同盟のことである。
- ②(1) aの「新型爆弾」とは，原子爆弾（原爆）のこと。
- (3) Aは中立条約，Bは原子爆弾，Cはマレー半島がキーワード。
- (5) 学徒出陣などで，男性が送り出されたことを考えてみる。

標準問題

▶答え　別冊p.27

1 〈第二次世界大戦と太平洋戦争〉
右の図を見て，次の各問いに答えなさい。

(1) 右の**ア〜エ**は，20世紀にわが国がかかわっ
た戦争のうち，第二次世界大戦をふくむ3
つの戦争と，第二次世界大戦ののちの冷戦
における，おもな国々の関係を図示したも
のである。**ア〜エ**のうち，第二次世界大戦
におけるおもな国々の関係を図示したもの
として最も適当なものを1つ選べ。[　　　]

(2) 次の**ア〜ウ**は，大正から昭和時代前半にか
けての，世界と日本のようすについて述べ
たものである。**ア〜ウ**を，時期の古い順に
並べよ。　　　[　　→　　→　　]

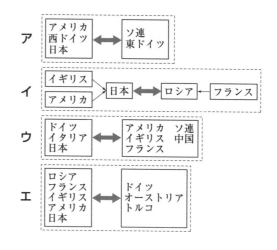

　ア 世界恐慌がおこると，植民地の多いイギリスやフランスはブロック経済を実施した。

　イ イギリスとフランスは，ポーランドを攻撃したドイツに対して宣戦を布告した。

　ウ 日本やアメリカ，イギリスなどは，国際協調の動きのなかで軍備の縮小を行った。

(3) 次の文を参考に，この国の位置を右の地図中の**ア〜エ**から1つ選べ。　　　[　　　]

> この国には，多くの日本人が開拓団として渡っていた。
> 1945(昭和20)年8月9日にソ連の進攻などがあり，太平洋
> 戦争終結後も日本に帰国できず，多くの開拓民がその地で
> 亡くなった。

ソ連

ア　イ

ウ　エ

1930年代後半の東アジア

(4) 太平洋戦争について，このころの日本国内のようすについ
て正しく述べたものを，次から1つ選べ。
　　　　　[　　　]

　ア 産業や経済を支配していた財閥が解体された。

　イ 関東大震災がおこり，東京や横浜などの地域が大きな被害を受けた。

　ウ 新聞や雑誌などが，政府によって統制された。

　エ 政府に不満を持つ士族たちが各地で反乱をおこした。

重要 (5) 右の資料は，ある宣言の内容である。この
宣言を何というか。

　　　　　[　　　　　]

> 十三　われわれは，日本政府がただちに軍隊の
> 　　　無条件降伏を宣言し，誠意ある保障をする
> 　　　ことを日本政府に要求する。(以下略)
> 　　　　　　　（『日本外交年表並主要文書』より部分要約）

2 〈戦時中のようす〉
次の各問いに答えなさい。

(1) 太平洋戦争中のできごととして正しいものを，次の**ア**〜**エ**から１つ選べ。 ［　　　　］

ア 陸軍の青年将校が軍事政権の樹立をくわだて，二・二六事件をおこした。

イ 企業には軍需物資の注文が相次ぎ，特需景気とよばれる好景気が続いた。

ウ 日本は，満州国の建国を認めなかった国際連盟から脱退した。

エ 大都市の多くの小学生が親もとをはなれ，農村へと集団疎開を始めた。

⚠️ミス注意 (2) Pさんは，日中戦争と太平洋戦争の時期の国内のようすを調べ，この時期のある中学生の作文と，当時のようすを示す写真を見つけた。次の中学生の作文と写真を参考に，作文中の□□□にあてはまる語句を漢字２字で書け。

［　　　　　　　　　］

> 〈作文〉 ……(略)……２学期が始まり，私たちの生活は大きく変わりました。働き手である多くの大人が戦地に召集されるようになってきたので，全国の中学以上の学徒(学生や生徒)は，「勤労□□□」あるいは「学徒□□□」といって，工場などで働くこととなりました。私たちも，１〜２週間の研修を受けてそれぞれの工場に配置されました。……(略)……

📘がつく (3) 1930年代後半から食料難がしだいに深刻になっていった。このことに関連して，その理由を，次の〈条件〉1，2にしたがって書け。

〈条件〉

> 1　当時の中国との関係をふくめて書くこと。
> 2　「戦時体制」，「農村」という２つの語句を用いること。

［
　
　
］

⚠️ミス注意 (4) 政府は，国家総動員法によって大戦中，米や砂糖，マッチ，木炭などの流通を制限し，国民に分けあたえるための制度を実施した。これを何というか。 ［　　　　　　　　］

3 〈第二次世界大戦の終結〉
次のA〜Dのできごとについて，下の各問いに答えなさい。

A 沖縄戦　　　B 原爆投下　　　C ミッドウェー海戦　　　D 日本軍降伏

(1) A〜Cを年代の古い順に並べよ。 ［　　　→　　　→　　　］

(2) Bの原爆が投下された都市を，投下の早い順に書け。

［　　　　　市]→[　　　　　市］

(3) Dは，日本が無条件降伏を求める宣言を受諾したことを意味している。その日付を西暦で答えよ。 ［　　年　　月　　日]

実力アップ問題

1 右の年表を見て，次の各問いに答えなさい。

〈(1)①・(2)・(3)4点×3，(1)②7点〉

(1) 下線部aについて，次の問いに答えよ。

① この同じ年におこったできごととして，最

も適当なものを，次の**ア〜エ**から1つ選べ。

ア 治安維持法が制定された。

イ 欧米から関税自主権を回復した。

ウ 世界恐慌が始まった。　**エ** 米騒動がおこった。

② この同じ年に原敬が内閣を組織したが，この内閣は内閣総理大臣やほとんどの閣僚の出

身において，これまでの内閣と異なっていた。どのように異なっていたか。「藩閥」，「衆

議院」，「立憲政友会」の3つの語句を用いて，簡潔に書け。

年代	できごと
1918	**a**シベリアへ出兵する。
1937	日中戦争が始まる。
1945	ポツダム宣言を受諾する。

（1937〜1945の間にAの区分）

(2) **A**の時期に新たに制定された法令として，最も適当なものを，次の**ア〜エ**から1つ選べ。

ア 国家総動員法　　**イ** 労働基準法

ウ 普通選挙法　　　**エ** 徴兵令

(3) 1945年8月に原子爆弾が投下された都市の組み合わせとして，最も適当なものを，次の**ア〜
エ**から1つ選べ。

ア 名古屋・長崎　　**イ** 名古屋・大阪

ウ 広島・長崎　　　**エ** 広島・大阪

(1)	①		②	
(2)		(3)		

2 右のカードについて，次の各問いに答えなさい。

〈5点×2〉

(1) 下線部**a**の理由を，**資料**を参考にして，簡潔に書け。

資料

国際連盟設立当初の主要参加国

イギリス	イタリア	カナダ
スイス	スペイン	日本
ブラジル	フランス	ベルギー

(2) 下線部**b**の理由を簡潔に書け。

〈ウィルソン〉と〈新渡戸稲造〉

新渡戸は，アメリカ合衆国の大統領ウィルソンが提唱した国際連盟の事務局次長として，国際関係改善のために力をつくした。しかし，**a**国際連盟は参加国の問題もあり，各国間の争いを止めることができなかった。

戦時下の人々

太平洋戦争が長期化すると，国民の動員はいっそう高められた。**b**鍋や釜，寺の鐘などが供出されるなど，その影響は国民生活の細部にまで至った。

(1)		(2)	

3 右の年表を見て，次の各問いに答えなさい。

(1) **A**に関連して，日本が第一次世界大戦に参戦した理由を，「ロシア」「1902年」の2つの語句を用いて書け。

```
  日本は，[        ]を理由に，第一
世界大戦への参戦を決定した。
```

年代	で き ご と	
1913	第一次護憲運動が高まりを見せる中で，桂太郎内閣が倒れる。	
1914	大隈重信が総理大臣となり，日本は第一次 ……A 世界大戦に参戦する。	
	X	
1924	第二次護憲運動がおこり，加藤高明内閣が成立する。	B
	Y	
1945	連合国軍最高司令官として，マッカーサーが来日する。	

(2) **B**に関連して，右下の写真の人物は，このころイギリスの植民地支配に対抗してアジアで活動していた指導者である。この人物について述べた次の文中の[**I**]，[**II**]にあてはまる最も適当な語句を，それぞれ漢字2字で書け。

```
  祖国の独立をめざして，非[ I ]・非協力・不[ II ]
を提唱するとともに，国産品の使用をすすめるなどの運動
を展開した。
```

(3) 次の文章は，年表中におこった第二次世界大戦前後のヨーロッパについてまとめたものである。文章中の[**I**]にあてはまる最も適当な人物名を書け。また，[**II**]にあてはまる最も適当な国を，下の**ア～エ**から1つ選べ。

```
  1933年，ドイツではナチス(国民社会主義ドイツ労働者党)の[ I ]が首相になり，秘
密警察が国民を監視し統制する全体主義の国家となった。ドイツでは，公共事業と軍需
産業で経済が回復する一方で，人々の自由は奪われた。1939年9月には，独ソ不可侵条
約を背景に[ II ]に侵攻し，イギリスやフランスがドイツに宣戦布告したことによって
第二次世界大戦が始まった。第二次世界大戦は第一次世界大戦を上回る規模の総力戦と
なり，軍人，民間人問わず多くの犠牲者が出た。
```

ア ポーランド　**イ** ノルウェー　**ウ** オランダ　**エ** ベルギー

(1)			
(2)	I	II	
(3)	I	II	

4 資料Ⅰ～Ⅳを見て，次の各問いに答えなさい。 〈(1)・(2)②・(3)・(4)4点×5, (2)①6点〉

(1) 資料Ⅰは，吉野作蔵が主張した主義について部分的に要約したものである。

資料Ⅰ中の□□□にあてはまる，吉野作蔵が主張した主義として最も適切なものを，次の**ア～エ**から1つ選べ。

ア 民主主義　　**イ** 天皇機関説
ウ 民本主義　　**エ** 帝国主義

資料Ⅰ

> □□□といえば，「国家の主権は人民にあり」という危険な学説と混同されやすい。
> ……我々が憲政の根底とするのは，国体の君主制か共和制下に関係なく，一般民衆を重んじ，貴賎の上下の区別をしないことである。

(2) 資料Ⅱは，衆議院議員選挙法の改正された，1900年，1919年，1925年の前後に行われた衆議院議員選挙における有権者数を示している。次の問いに答えよ。

① 資料Ⅱの3回の衆議院議員選挙法の改正のうち，有権者数が最も増加したときの改正では，選挙権がどのように改められたか。簡潔に書け。

② 次の**ア～ウ**のできごとのうち，**資料Ⅱ**中の1898年から1928年の間におこったできごとを，次の**ア～ウ**から1つ選べ。

ア 自由民権運動が始まった。
イ 大日本帝国憲法憲法が発布された。
ウ 本格的な政党内閣がはじめて組織された。

資料Ⅱ

1898年	第6回総選挙	50万人
改正(1900年)		
1902年	第7回総選挙	98万人
1917年	第13回総選挙	142万人
改正(1919年)		
1920年	第14回総選挙	307万人
1924年	第15回総選挙	329万人
改正(1925年)		
1928年	第16回総選挙	1241万人

（『日本長期統計総覧』より作成）

資料Ⅲ

国際連盟が発足する。
↓ ア
満州事変がおこる。
↓ イ
日中戦争が始まる。
↓ ウ
国際連合が発足。
↓ エ
（　）と国交を回復し，国際連合に加盟する。

資料Ⅳ　財政支出に占める軍事費の割合

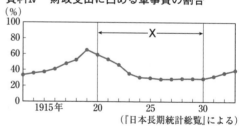

（『日本長期統計総覧』による）

(3) 資料Ⅲは，国際連盟が発足してから，日本が国際連合に加盟するまでの期間のおもなできごとを，年代の古い方から順に並べたものである。次の問いに答えよ。

① 日本が国際連盟を脱退したのは，資料Ⅲの**ア～エ**のどの期間か。1つ選べ。

② 資料Ⅲ中の（　）にあてはまる国名を書け。

(4) 資料Ⅳについて，**X**の期間に割合が下がったのは，ある軍縮を目指す会議が開かれたからである。この会議を何というか。

(1)		(2)	①				
(2)	②	(3)	①		②	(4)	

5 右の年表を見て，次の各問いに答えなさい。　　　　　　　　　　〈(1)・(3)7点×2，(2)2点×2〉

(1) 年表中のＡの会議で，アメリ
カを中心に第一次世界大戦後
の協調体制をつくる話し合い
が行われ，日英同盟の解消が
取り決められた。そのほかに，
この会議で取り決められたこ
とを，1つ書け。

年	できごと
1921	ワシントン会議が始まる ·············· A
1929	世界恐慌(きょうこう)がおこる
1937 X	日中戦争がおこる ·············· B
1941	太平洋戦争がおこる
1945	ポツダム宣言を受諾(じゅだく)する

(2) 年表中のＸの期間について，次の問いに答えよ。

① 年表中のＢのきっかけとなった日中両軍の衝突(しょうとつ)がおきた場所を，地図中のア～エから1
つ選べ。

② この時期の日本のできごととして適切でないものを，次
のア～エから1つ選べ。

　ア　男子普通選挙実現と同時に，治安維持法(ちあんいじほう)が成立した。

　イ　日独伊三国同盟を結び，結束を強化した。

　ウ　政党政治を倒(たお)そうとする五・一五事件がおこった。

　エ　国際連盟を脱退し，国際的に孤立した。

(3) 第一次世界大戦に比べ，第二次世界大戦の被害が大きかった理由を，「民間人」という語句
を用いて書け。

(1)		(2)	①		②
(3)					

---

6 戦時中の日本において行われた政策をま
とめた右のＡ，Ｂについて，関連の深い
語句を次のア～オからそれぞれ選び，記
号を書け。また，Ｃの　Ｘ　にあてはま
る語句を書け。　　〈A・B2点×2，C4点〉

　ア　皇民化政策(こうみんかせいさく)　　イ　国家総動員法(こっかそうどういんほう)
　ウ　学童疎開(がくどうそかい)　　　　エ　学徒出陣(がくとしゅつじん)
　オ　配給制(はいきゅうせい)

A	空襲(くうしゅう)から逃れるために，都市の小学生が農村に避難(ひなん)した。
B	議会の承認なしに労働力や物資を動員できるようになった。
C	「挙国一致(きょこくいっち)」の体制を作る運動が始まり，政党は解散して　Ｘ　に合流した。

A		B		C	

⑮戦後復興と国際社会

重要ポイント

① 占領と日本の民主化

□ **連合国軍の占領**…ポツダム宣言にもとづき連合国が日本を占領。**連合国軍最高司令官総司令部**(GHQ，最高司令官マッカーサー)が日本の民主化を指令。

□ **戦後改革**…軍隊の解散。戦争責任者を**極東国際軍事裁判**（→東京裁判ともいう）で処罰。天皇の人間宣言。

   ① **政治の民主化**…政党の復活，選挙法改正→満20歳以上の男女に選挙権。

   ② **経済の民主化**…**財閥の解体**→独占禁止法の制定。農地改革→自作農の増加。

   ③ **日本国憲法**…三大基本原則→**国民主権**，基本的人権の尊重，平和主義。

   ④ **教育・社会の民主化**…教育基本法の制定。労働者の地位向上→**労働組合法**など制定。

□ **国民の苦難**…鉱工業の生産落ち込み。物価の上昇。復員や引き上げによる人口増加→失業者の増加。闇市。

② 2つの世界と日本の独立

□ **国際連合**(1945年発足)…大国中心主義，**安全保障理事会**が中心，武力制裁。

□ **冷戦**（→冷たい戦争）…アメリカ中心の**北大西洋条約機構**（→NATO）とソ連中心のワルシャワ条約機構の対立。

□ **朝鮮・中国の動き**…南北朝鮮の誕生。（→北に朝鮮民主主義人民共和国(北朝鮮)，南に大韓民国(韓国)）**中華人民共和国の成立**(毛沢東主席)。（→マオツォトン）

□ **朝鮮戦争**(1950〜53年)…**特需景気**→景気回復。警察予備隊の設置→のち**自衛隊**に。

□ **植民地支配の終わり**…アジア・アフリカの独立運動。アフリカで1960年に17カ国（→アフリカの年）独立→**南北問題**。（→発展途上国と先進工業国の経済格差）

□ **サンフランシスコ平和条約**(1951年)…日本は独立(主権)を回復(**吉田茂**内閣)。同時に日米安全保障条約を締結→アメリカ軍の日本駐留などを認める。

□ **日ソ共同宣言**(1956年)…日ソ国交回復→日本の**国際連合加盟**が実現。

③ 日本の内政と外政

□ **原水爆禁止運動**…1954年，アメリカの水爆実験で第五福竜丸が被爆。

□ **55年体制**…自民党による政権→1960年に日米安保条約改定(安保闘争)。

□ **多極化する世界**…アジア・アフリカ会議(1955年)。（→インドネシアのバンドンで開催）ベトナム戦争(1965〜75年)。

□ **日本の外交**…日韓基本条約(1965年)，**沖縄返還**(1972年)，（→戦後，アメリカに統治）日中共同声明(1972年)，日中平和友好条約(1978年)。

ポイント 一問一答

① 占領と日本の民主化

- ☐ (1) 第二次世界大戦後，日本は何という宣言にもとづいて，連合国軍に占領されたか。
- ☐ (2) 連合国軍最高司令官総司令部の最高司令官はだれか。
- ☐ (3) 1945年に選挙法が改正され，満何歳以上の男女に選挙権があたえられたか。
- ☐ (4) 農村の民主化として行われ，自作農が増加することとなった改革を何というか。
- ☐ (5) 日本国憲法の三大基本原則は，基本的人権の尊重，平和主義と，もう１つは何か。

② ２つの世界と日本の独立

- ☐ (1) 1945年10月に成立した国際平和機構は何か。
- ☐ (2) 冷戦下において，アメリカを中心として結成された軍事同盟は何か。
- ☐ (3) 1949年に成立した，毛沢東を主席とする国はどこか。
- ☐ (4) 1950年に勃発した，北朝鮮と韓国の戦争を何というか。
- ☐ (5) (4)が開戦された年に，日本の警察力を増強する目的で結成された機関を何というか。
- ☐ (6) アフリカなどの国々でおこっている，発展途上国と先進工業国との経済格差の問題を何というか。
- ☐ (7) 1951年に調印された，第二次世界大戦の講和条約は何か。
- ☐ (8) 日本の国際連合加盟の実現は，ソ連と何に調印したからか。

③ 日本の内政と外政

- ☐ (1) 1954年にアメリカの水素爆弾（水爆）実験によって被爆した船の名前を何というか。
- ☐ (2) 日米安全保障条約改定に対する反対運動を何というか。
- ☐ (3) 1965年に韓国と結び，韓国政府を朝鮮半島唯一の政府と承認した条約を何というか。
- ☐ (4) 戦後にアメリカに統治され，1972年に日本に返還された地域はどこか。

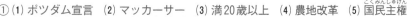

答

① (1) ポツダム宣言　(2) マッカーサー　(3) 満20歳以上　(4) 農地改革　(5) 国民主権

② (1) 国際連合(国連)　(2) 北大西洋条約機構　(3) 中華人民共和国　(4) 朝鮮戦争　(5) 警察予備隊
(6) 南北問題　(7) サンフランシスコ平和条約　(8) 日ソ共同宣言

③ (1) 第五福竜丸　(2) 安保闘争　(3) 日韓基本条約　(4) 沖縄

基礎問題

▶答え　別冊p.28

1 〈占領と日本の民主化〉

次の各問いに答えなさい。

(1) 右のカードの人物について，次の問いに答えよ。

① この人物はだれか。

[　　　　　　　　　　]

1945年，日本が降伏したあと，連合国軍最高司令官総司令部（ＧＨＱ）の最高司令官として来日し，軍国主義をとりのぞき，民主化の政策を実行した。

② 戦争の責任があるとされた軍人や政治家を裁いた裁判が，1946年から始まった。その裁判の名称を書け。

[　　　　　　　　　　]

③ 民主化の政策として正しいものを，次の**ア～エ**から1つ選べ。 [　　　]

ア 治安維持法が定められ，言論の自由が守られるようになった。

イ 教育勅語が出され，忠君愛国の道徳が示された。

ウ 地租改正が行われ，地価の3％を現金でおさめることとなった。

エ 三井・三菱・住友・安田などの財閥が解体された。

(2) 右の資料を見て，次の問いに答えよ。

⚠ミス注意 ① 農地改革によって，どのような農家が増えたのか。

[　　　　　　　　　　]

農地改革による農地面積の変化 (単位 千ha)

年	農地総面積	小作地面積
1945	5,113	2,349
1950	5,157	510

（農林省の資料より作成）

② 農地改革と同じころのできごとを，次の**ア～エ**から1つ選べ。 [　　　]

ア 小学校6年，中学校3年の9年間を義務教育とする。

イ 満25歳以上の男子に普通選挙権を認める。

ウ 日中共同声明により，中国との国交が正常化する。

エ 関税自主権が回復する。

🔑重要 (3) 右の**表**において，1946年の有権者数が大幅に増加した理由を，**写真**を参考にして簡潔に書け。

[　　　　　　　　　　]

表 わが国の衆議院議員選挙の有権者数

西暦	有権者数（万人）
1936	1,430
1937	1,440
1942	1,459
1946	3,688
1947	4,091
1949	4,211

（『日本長期統計総覧』より作成）

写真 戦後初の衆議院議員選挙の投票のようす

2 〈国際社会への復帰〉
次の各問いに答えなさい。

写真Ⅰ

(1) **写真Ⅰ**は，連合国軍最高司令官総司令部（ＧＨＱ）の占領政策の転換により，1950年にわが国につくられた警察予備隊のようすを写したものである。このきっかけとなった国際的なできごととして最も適当なものを，次の**ア～エ**から1つ選べ。　[　　]
ア　沖縄返還　　　　　　　イ　朝鮮戦争
ウ　ソビエト連邦の解体　　エ　東西ドイツの統一

写真Ⅱ

(2) サンフランシスコ平和条約について，**写真Ⅱ**は，当時の内閣総理大臣が，この条約に調印しているようすを示したものである。次の問いに答えよ。
① この人物の名前を，次の**ア～エ**から選べ。　[　　]
ア　原敬　　　　　イ　加藤高明
ウ　桂太郎　　　　エ　吉田茂

⚠ミス注意 ② サンフランシスコ平和条約と同時に，アメリカとある条約を結び，国内にアメリカの軍事基地が残ることとなった。このもう1つの条約を何というか。
[　　　　　　　　　　]

🔑重要 (3) 日ソ共同宣言によってもたらされたできごとにより，日本は国際社会に復帰することになった。このできごとは何か。　[　　　　　　　　　　]

3 〈日本の外交と世界〉
次の各問いに答えなさい。

(1) 第二次世界大戦後の日本の外交として誤っているものを，次から1つ選べ。　[　　]
ア　吉田茂が日ソ共同宣言を結んだ。　　イ　田中角栄が日中共同声明を結んだ。
ウ　佐藤栄作が沖縄返還を実現した。　　エ　1956年に国際連合に加盟した。

(2) 次の文は，アフリカの独立について述べようとしたものである。文中の[　　]にあてはまる語句を書け。　[　　　　　　　　　　]

> 第二次世界大戦後に多くの国が独立したアフリカでは，発展途上国と先進工業国との経済格差である[　　]が残されている。

ヒント
1 (2)②教育基本法や学校教育法などが制定された。
(3) 女性が投票を行うという光景は，第二次世界大戦前には見られなかった。
2 (1) 占領政策の転換は，冷戦が激化し，日本を西側陣営に引き入れる必要が出てきたことによる。
(3) 1945年10月に設立された国際機関への日本の加盟に，ソ連が反対していた。
3 (2) 北半球と南半球で経済格差が生じている。

標 準 問 題

▶答え　別冊p.29

1 〈日本の民主化〉
次の各問いに答えなさい。

差がつく (1) **資料Ⅰ**は，1930年と1950年の農家の経営形態の
変化を示したものである。農家の経営形態は，
第二次世界大戦後にどのように変化したか。戦
後の民主化政策の1つにふれて，**資料Ⅰ**から読
み取り，簡潔に書け。

[　　　　　　　　　　　　　　　　　　　　]

資料Ⅰ　農家の経営形態の変化

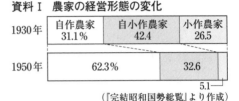

（『完結昭和国勢総覧』より作成）

(2) **資料Ⅱ**は，衆議院議員選挙における全人口に対する有権者数
の割合を示したものである。1946年に有権者の割合が増加し
た理由は2つ考えられる。1つは有権者となる年齢が引き下
げられたことであるが，もう1つは何か。

[　　　　　　　　　　　　　　　　　　　]

資料Ⅱ

```
1920年  6%
1928年  20%
1946年  49%
       0%  25  50  75  100
```
（総務省ホームページより作成）

2 〈日本の国際社会への復帰〉
次の各問いに答えなさい。

(1) 朝鮮戦争で特需が生まれ，経済復興が進んだ。これに関連して，朝鮮戦争に最も近い時期の
できごとを，次のア～エから1つ選べ。　　　　　　　　　　　　　[　　　　]
　　ア　警察予備隊の発足　　　イ　ベトナム戦争　　　ウ　石油危機　　　エ　湾岸戦争

差がつく (2) サンフランシスコ平和条約の締結によって，この条約を結んだ国々と日本との戦争状態の終
了が確認された。このこととともに，この条約を結んだ国々によって，日本が認められたの
はどのようなことか。1つ書け。[　　　　　　　　　　　　　　　　　　　　]

(3) サンフランシスコ平和条約の締結と同時に行われたことを，次から1つ選べ。　[　　　　]
　　ア　日本が国際連合に加盟した。　　　イ　沖縄が日本に返還された。
　　ウ　日米安全保障条約が結ばれた。　　エ　治安維持法が制定された。

(4) 右の資料は，サンフランシスコ平和条
約を結んだのちに，国際連合への加盟
をめざした日本が，1956年にソ連と結
んだある宣言の一部である。日本の国
際連合への加盟に，資料のようなソ連
の支持が必要とされた理由を，安全保障理事会の決定
のしくみに着目して，簡潔に書け。

> 1　日本国とソビエト社会主義共和国連邦との戦
> 争状態は，この宣言が効力を生ずる日に終了し，
> 両国の間に平和及び友好善隣関係が回復される。
> 4　ソビエト社会主義共和国連邦は，国際連合への
> 加入に関する日本国の申請を支持するものとする。

[　　　　　　　　　　　　　　　　　　　　]

3 〈戦後日本の外交〉
次の各問いに答えなさい。

(1) Aさんは，**資料Ⅰ**，**Ⅱ**をつくり，次の文の
ようなまとめをした。文中の　X　には
あてはまる国の名前を，　Y　にはあて
はまる内容を10字以内で，それぞれ書け。

資料Ⅰ
日本の都道府県数の変遷

年月	数
1946年12月以降	46
1972年5月	47

（『日本の100年』第5版より作成）

資料Ⅱ
ある県の略地図

X [　　　　　　　　　] Y [　　　　　　　　　　　　　　　　　]

> 日本の都道府県の数が**資料Ⅰ**のように増えた理由は，1972年に　X　から　Y　から
> である。

(2) 次の**ア～ウ**の文は第二次世界大戦後におこったできごとである。それぞれのできごとを年代
の古い順に並べよ。　[　　　→　　　→　　　]

ア 大韓民国と日韓基本条約を結び，国交を回復した。

イ ソ連との間で日ソ共同宣言が調印され，国交を回復した。

ウ 中華人民共和国との間で日中共同声明が発表され，国交を正常化した。

4 〈特需景気〉
資料Ⅰと**資料Ⅱ**を
見て，次の各問い
に答えなさい。

(1) **資料Ⅰ**中の□
にあてはまる語句
を書きなさい。

資料Ⅰ

年代	できごと
1948	大韓民国，朝鮮民主主義人民共和国が成立する。
1950	□が始まる。
1953	□が休戦する。

[　　　　　　　　]

(2) 日本の経済が1950年以降好況になった理由を，**資料Ⅰ**
中のできごとにふれて，簡潔に書け。

[　　　　　　　　　　　　　　　　　　　　　　　　　　　　]

資料Ⅱ　日本経済の復興

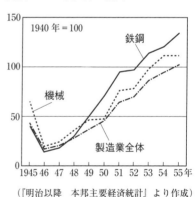

（『明治以降　本邦主要経済統計』より作成）

5 〈戦後の世界と日本の動き〉
右の資料を見て，次の各問いに答えなさい。

重要 (1) ドイツが**A**から**B**に変化するきっかけとなった，ベ
ルリンでおこった象徴的なできごとは何か。簡潔に
書け。

[　　　　　　　　　　　　　　　　　　　　　　　]

A 1985年当時のドイツ　B 1995年当時のドイツ

(2) ドイツが**A**から**B**に変化した時代の国際情勢につい
て，「冷戦」という語句を用いて，簡潔に書け。

[　　　　　　　　　　　　　　　　　　　　　　　　　　　　]

⑯今日の世界と日本

重要ポイント

① 日本の高度経済成長

□ **高度経済成長** 日本経済が驚異的に成長→重化学工業の発展。

① 国民生活の変化…「三種の神器」，浴室や水洗トイレをそなえた大規模な団地。
　　　　　　　　　└白黒テレビ，洗濯機，冷蔵庫

② 東京オリンピック・パラリンピック…1964年。新幹線や高速道路の開通。

③ 公害問題…新潟水俣病・**四日市ぜんそく**・イタイイタイ病・水俣病。1967年，
公害対策基本法。1971年，環境庁(現在の環境省)の設置。

□ **石油危機(オイル・ショック)**…第四次中東戦争によって石油価格が高騰。

□ **大衆の娯楽**…黒澤明の映画作品。1953年，テレビ放送開始→白黒テレビ，カラーテ
レビ。手塚治虫による「鉄腕アトム」。川端康成や大江健三郎がノーベル賞を受賞。

② 冷戦後の世界と日本

□ **冷戦の終結** 東ヨーロッパ諸国の民主化運動，ベルリンの壁崩壊，ソ連の解体。
　　　　　　　　　　　　　　　　　　　　　　　└ドイツのベルリン市内を東西に隔てていた

① 主要国首脳会議(サミット)…国際協調。2008年よりG20サミット。

② 地域統合…1989年，アジア太平洋経済協力会議(APEC)。1993年，ヨーロッパ
連合(EU)。

③ 地域紛争…民族・宗教・文化のちがい→中東…クウェート侵攻→**湾岸戦争**。
2001年，アメリカ同時多発テロ→アメリカによるアフガニスタン侵攻，イラク
戦争。**平和維持活動(PKO)**や非政府組織(NGO)の活躍。

④ **日本の外交**…拉致問題(北朝鮮)，領土問題(中国，韓国，ロシアなど)，米軍基
地問題。

⑤ 55年体制の終わり…1993年，**細川護熙**内閣。その後自民党中心の連立政権。

⑥ バブル景気…不健全な好況→1991年，崩壊。平成不況。2008年，世界金融危機。
　　　　　　　アメリカでおこったリーマンショックがきっかけ

③ 持続可能な社会を目指して

災害や人権，持続可能な社会の実現における日本の課題。

□ **グローバル化**(世界の一体化)…国境を越えた人，もの，金の動き。

□ **地球温暖化**…1997年，京都議定書。2015年，パリ協定。

□ **阪神・淡路大震災，東日本大震災**，少子高齢化，貧富・地方の格差など。

□ **持続可能な開発目標(SDGs)**…将来の世代の幸福を見すえた**持続可能な社会**。

テストでは **ココ** がねらわれる

●高度経済成長について，グラフを使っての出題もみられるので，確認しておこう。
●世界の動きでは，冷戦の終結についてよく理解しておこう。
●冷戦後，世界の一体化が進む中で，どのような問題が発生したのかを，まとめておこう。

ポイント 一問一答

① 日本の高度経済成長

- □(1) 1950年代後半から始まった，世界にも類を見ない驚異的な経済成長を何というか。
- □(2) (1)によって普及した白黒テレビ・洗濯機・冷蔵庫はまとめて何とよばれたか。
- □(3) 1964年に日本で開催された国際的な大会は何か。
- □(4) 四大公害病は水俣病，新潟水俣病，イタイイタイ病とあと何か。
- □(5) 第四次中東戦争によっておこった石油価格の高騰を何というか。
- □(6) アニメ「鉄腕アトム」や，漫画「火の鳥」を製作した人物はだれか。

② 冷戦後の世界と日本

- □(1) 1989年に市民によって取り壊された，ドイツのベルリン市内を東西に隔てていた壁を何というか。
- □(2) 主要8か国の首脳が参加し，政治経済の運営に関して話し合う会議を何というか。
- □(3) 1993年，ECは何という共同体に発展したか。
- □(4) 1989年に発足した，アジア・太平洋の地域共同体を何というか。
- □(5) イラクのクウェート侵攻をきっかけに勃発した戦争を何というか。
- □(6) 国連が紛争の拡大防止や休戦・停戦の監視などを行う活動を何というか。
- □(7) 国家の枠を越え，政治的な利益を目的とせずに活動する組織を何というか。
- □(8) 1993年に成立した，非自民党連立内閣の首相はだれか。
- □(9) 1980年代後半の，投機によって株式と土地の価格が異常に高騰する好況を何というか。

③ 持続可能な社会を目指して

- □(1) 人，もの，金が国境を越えて移動することを何というか。
- □(2) 1995年に兵庫県南部で発生した地震による被害を何というか。

答

① (1) 高度経済成長 (2) 三種の神器 (3) 東京オリンピック・パラリンピック
(4) 四日市ぜんそく (5) 石油危機（オイルショック） (6) 手塚治虫

② (1) ベルリンの壁 (2) 主要国首脳会議（サミット） (3) ヨーロッパ連合（EU）
(4) アジア太平洋経済協力会議（APEC） (5) 湾岸戦争 (6) 平和維持活動（PKO）
(7) 非政府組織（NGO） (8) 細川護熙 (9) バブル景気

③ (1) グローバル化 (2) 阪神・淡路大震災

基礎問題

▶答え　別冊p.30

1 〈日本の経済成長〉
次の各問いに答えなさい。

(1) 高度経済成長期のできごととして誤っているものを，次の**ア**～**エ**から１つ選べ。
[　　　]

ア ラジオ放送が始まった。
イ 冷蔵庫や洗濯機が普及した。
ウ エネルギー資源が石炭から石油に変わった。
エ 日本のGNPが世界第２位(資本主義国内)になった。

(2) **資料**は，家庭電化製品の普及を示したものである。これを見て，次の問いに答えよ。

① 普及率が低くなっている家庭電化製品の名を書け。
[　　　　　　]

② ①の製品の普及率が低くなった理由を書け。
[　　　　　　]

資料

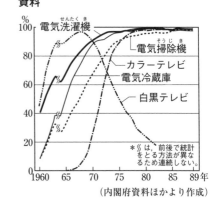

(内閣府資料ほかより作成)

(3) 次の文は，東京オリンピック・パラリンピックについて述べたものである。文中の□□□にあてはまる語句を書け。
[　　　　　　]

> 1964年に開催された東京オリンピック・パラリンピックは，日本の戦後復興と国際社会への復帰の象徴となった。また，日本国内では，名神高速道路や□□□新幹線が開通するなど，交通の整備が進んだ。

(4) 高度経済成長期には，経済成長を最優先にしたことでさまざまな問題が発生した。**写真**から読み取れる問題は何か。
[　　　　　　　　　　　]

写真

(5) 戦後の日本の文化や生活として正しいものを，次の**ア**～**エ**から１つ選べ。
[　　　　　　]

ア 芥川龍之介が優れた文学作品を発表した。
イ バスガールや電話交換手など，働く女性が増えた。
ウ 映画監督の黒澤明が世界的に高い評価を受けた。
エ 蓄音機やレコードが広まり，歌謡曲が全国で流行した。

120

2 〈経済大国日本と世界の動き〉
次の各問いに答えなさい。

(1) 1973年に石油危機(オイル・ショック)がおこると，各地でトイレットペーパーの買い占めが相次いだ。石油危機のきっかけとなったできごととして適当なものを，次のア～エから1つ選べ。　[　　　]

ア　南北ベトナムの間でベトナム戦争が激化したこと。

イ　イスラエルとアラブ諸国との間で第四次中東戦争が勃発したこと。

ウ　沖縄が日本に復帰し，非核三原則が日本の方針となったこと。

エ　日韓基本条約が結ばれ，日本が韓国を朝鮮半島唯一の政府として承認したこと。

(2) 次の文は東西ドイツの統一について述べたものである。文中の[　　　]にあてはまる語句を書け。　[　　　　　]

　　1961年に築かれ，冷戦の象徴であった[　　　]が，1989年に開放され，取りはらわれた。翌年，東ドイツが西ドイツに吸収され，東西ドイツが統一された。

(3) 日本の人口構成は，1950年と2020年を比較すると，どのように変化しているか。**グラフ**を参考にして簡潔に書け。[　　　　　]

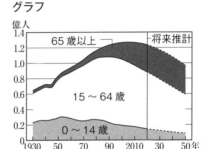
グラフ

(『国勢調査報告』平成27年ほかより作成)

●重要●(4) イスラム過激派にハイジャックされた民間航空機が，アメリカの高層ビルや国防総省の庁舎に突入した事件を何というか。
[　　　　　]

3 〈平成時代の日本〉
次の各問いに答えなさい。

(1) 平成以降におこったできごととして誤っているものを，次のア～エから1つ選べ。　[　　　]

ア　アジア・アフリカ会議　　イ　冷戦の終結

ウ　阪神・淡路大震災　　　　エ　世界金融危機

(2) 日本は国連の協力要請を受けて，1992年に初めて自衛隊をカンボジアに派遣し，紛争地域での補給支援や復興支援を行った。この活動を何というか。[　　　　　]

ヒント

1 (2)② ①の製品に取って代わる製品が売り出された。

　(3) 東京，名古屋，大阪の大都市を結んだ。

2 (1) 石油輸出国が石油の輸出に制限を設けたことで，石油危機(オイル・ショック)がおこった。

3 (1) 平成時代は1989年1月8日から2019年4月30日まで。

標 準 問 題

▶答え　別冊p.30

1 〈日本の高度経済成長〉
次の**各問い**に答えなさい。

(1) **資料Ⅰ**は，1960〜80年にかけて普及した家庭電化製品を示したものである。また，**資料Ⅱ**は年代別の女性の就業率を示したものである。**資料Ⅰ**と**資料Ⅱ**から，女性の社会進出はどのように変化したか，簡潔に書け。

[   ]

資料Ⅰ

電気冷蔵庫

食べ物の長期保存ができるようになった。

電気洗濯機

自動で洗濯をするし，ローラーで脱水をすることができた。

電気掃除機

電力で小さな塵を吸い取って掃除できる。

差がつく(2) **資料Ⅱ**のように女性の就業率が変化したことや，経済的な不安定の増大などを背景に，現在の日本の人口構成は1930年ごろと比べて大きく変化している。日本の人口構成はどのように変化したか，簡潔に書け。

[   ]

資料Ⅱ

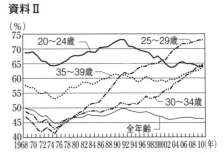

(国土交通省資料より作成)

(3) 高度経済成長の時期に関する**資料Ⅲ**と**資料Ⅳ**を関連づけて考えると，どのようなことがいえるか，書け。

資料Ⅲ　産業別就業者数の割合の変化

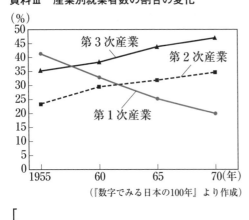

(『数字でみる日本の100年』より作成)

資料Ⅳ　都市部と農村部の人口の割合の変化

	都市部	農村部
1955年	56.3%	43.7%
1960年	63.5%	36.5%
1965年	68.1%	31.9%
1970年	72.2%	27.8%

[   ]

2 〈経済大国日本〉〉

右の写真は1980年代に撮られたものである。アメリカでこのようなことがおこった理由を，右のグラフを参考にして簡潔に書きなさい。

日本製品を破壊するアメリカ市民

日米貿易の推移変化

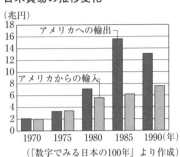

（『数字でみる日本の100年』より作成）

[   ]

3 〈冷戦後の日本と世界〉

右の年表を見て，次の各問いに答えなさい。

(1) 年表中のA，Bについて，それぞれの地域共同体の名称を書け。

A [   ]

B [   ]

年	できごと
1989	アジア・太平洋の地域共同体が発足する ………… A
1993	ヨーロッパの地域共同体が発足する ……………… B
1990	クウェート侵攻 ………………………………………… C
1995	日本で　D　が発生する
1997	京都議定書が採択される …………………………… E
2008	世界金融危機がおこる ……………………………… F

(2) 年表中のCによって勃発した戦争を，次から1つ選べ。　　　　　　　　[   ]

ア　ベトナム戦争　　　イ　湾岸戦争　　　ウ　朝鮮戦争　　　エ　イラク戦争

(3) 年表中の　D　にあてはまる災害の名称を書きなさい。

[   ]

(4) 年表中のEは，地球温暖化防止のための国際会議において取り決められた，世界で初めての国際協定である。この18年後の2015年に取り決められた，2020年以降の温室効果ガス排出削減のための新たな枠組みとして採択された国際条約を何というか。

[   ]

(5) 次の文は年表中のFに関連したものである。文中の　　　　　にあてはまる語句を書け。

[   ]

日本経済は，1980年代後半から続き1991年に崩壊した　　　　　以降，平成不況，世界金融危機など，低迷が続いている。

実力アップ問題

◎制限時間 50 分
◎合格点 80 点
▶答え　別冊 p.31

　　　　点

1 日本の外交について，次の各問いに答えなさい。　　　　　　　　　　　　　　　　　〈3点×3〉

(1) **資料**について述べた次の文を読んで，あとの各問いに答えよ。

資料

> **資料**中の ▇▇▇ は，（　　　　）からサンフランシスコ<ruby>平和条約<rt>へい わ じょうやく</rt></ruby>の<ruby>締結<rt>ていけつ</rt></ruby>までの期間における日本の領土の一部を示している。

① 文中の（　　　　）にあてはまる語句を，次の**ア**〜**エ**から1つ選べ。

ア <ruby>下関<rt>しものせき</rt></ruby>条約の締結

イ <ruby>千島<rt>ち しま</rt></ruby>・<ruby>樺太交換<rt>からふとこうかん</rt></ruby>条約の締結

ウ ポーツマス条約の締結　　　　**エ** <ruby>日英<rt>にちえい</rt></ruby>同盟の締結

② 文中の下線部によって，日本の立場は，どのように変化したのか。簡潔に書け。

(2) 1972年，日本の外交に関するあるできごとを記念して日本にパンダが<ruby>贈<rt>おく</rt></ruby>られた。このできごととして，最も適当なものを，次の**ア**〜**エ**から1つ選べ。

ア 日本が<ruby>国際連合<rt>こくさいれんごう</rt></ruby>に加盟する。　　　　**イ** <ruby>日米安保条約<rt>にちべいあんぽ じょうやく</rt></ruby>が結ばれる。

ウ 日本と中国の国交が正常化する。　　　**エ** <ruby>日韓<rt>にっかん</rt></ruby>基本条約が結ばれる。

(1)	①	②		(2)	

2 右のグラフを見て，次の各問いに答えなさい。　　　　　　　　　　　　　　　　　〈3点×3〉

(1) **グラフ**の中に表された資源の名称と，この資源の輸入価格が急激に<ruby>高騰<rt>こうとう</rt></ruby>した原因となった戦争の名称をそれぞれ書け。

(2) この輸入価格の急激な変化が，経済成長に打撃をあたえたできごとを何というか。

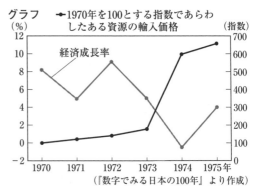

グラフ　➡1970年を100とする指数であらわした ある資源の輸入価格

(1)	資源		戦争	
(2)				

3 次の各問いに答えなさい。

〈(1)〜(3)4点×6，(4)8点〉

(1) 次の①，②の日本のできごとに最も関係のあるカードを，**A〜D**から1つずつ選べ。

① 朝鮮半島の統一を目指して朝鮮戦争が勃発した。

② 東海道新幹線が開通した。

A アジアで初めてのオリンピックが，東京で開催される。	**B** GHQの草案をもとにして，日本国憲法が制定される。
C 世界情勢を背景に，日本で警察予備隊が組織される。	**D** 佐藤栄作内閣がアメリカとの交渉を進め，日本に沖縄が返還される。

(2) **B**のカード中の下線部について，次の各問いに答えよ。

① 日本国憲法の説明として最も適当なものを，次の**ア〜エ**から1つ選べ。

　　ア 1946年5月3日に公布され，1947年11月3日に施行された。

　　イ 天皇が定める欽定憲法であった。

　　ウ 天皇は日本国，日本国民統合の象徴であるとされた。

　　エ 人権は法律の範囲内で認められた。

② 日本国憲法の基本原理は国民主権，基本的人権の尊重と何か，書け。

(3) **C**のカード中の下線部について，次の各問いに答えよ。

① 警察予備隊は，1952年に保安隊に改編され，また1954年には　　　　に再改編された。現在　　　　は，災害発生時に人命救助や物資の輸送などの活動や，紛争地域での平和活動などを行っている。　　　　にあてはまる語句を書け。

② ①が紛争地域で，平和の維持や回復のために行う活動を何というか。

(4) **A〜D**のカードを年代の古い順に並べよ。

(1)	①	②		
(2)	①	②		
(3)	①	②	(4)	→ 　 → 　 →

4 戦後の日本の民主化に関してまとめた次の表を見て，下の各問いに答えなさい。

〈(3)10点，(1)・(2)〜(5)3点×5〉

選挙制度	従来の選挙法が改正された。
経済	日本の経済を支配してきた a が解体された。
農村	小作地の面積が減少した。
教育	民主主義の教育の基本を示す教育基本法がつくられた。

(1) 選挙法について述べた次の文中の（ X ），（ Y ）にあてはまる内容として最も適切なものを，下のア〜エから1つずつ選べ。

> 1890年，第1回衆議院議員選挙が実施されたが，選挙権は（ X ）にのみ与えられていたため，有権者は総人口の約1.1％にすぎなかった。その後，1900年，1919年，1925年の改正を経て，1945年には（ Y ）に選挙権が与えられた。これにより，有権者数は大幅に増えた。なお，現在は満18歳以上に引き下げられている。

ア 満25歳以上，直接国税を3円以上納める男子

イ 満20歳以上のすべての男女

ウ 満25歳以上のすべての男子

エ 満25歳以上，直接国税を15円以上納める男子

(2) 表中 a にあてはまる語句を，漢字2字で書け。

(3) 農地改革について，右の資料は日本における小作地の面積の推移を示したものである。小作地の面が減少した理由を，日本で行われた改革の内容に触れて，簡潔に書け。

(4) 教育基本法以前の教育の基本を示していた，1890年に発布された教育の基本方針を何というか。

(5) 日本の民主化を進めた，連合国軍総司令官総司令部（GHQ）の最高司令官の名前を書け。

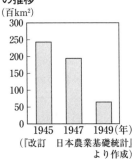

日本における小作地の面積の推移
（百km²）

『改訂 日本農業基礎統計』より作成

(1)	X		Y		
(2)			(3)		
(4)			(5)		

5 右の年表を見て，次の各問いに答えなさい。

〈(3)Z 10点，(1)・(2)・(3)Y・(4)・(5) 3点×5〉

(1) 年表中の**A**について述べた次の文中
の（ W ），（ X ）にあてはまる語句
の組み合わせとして最も適切なもの
を，下の**ア～エ**から1つ選べ。

年	できごと
1945	国際連合（こくさいれんごう）が創設される ･･････････ A
1949	東西の軍事同盟がつくられる
1962	☐ B ☐ 危機がおこる
1967	ヨーロッパ共同体が設立される ･･････ C
1985	ゴルバチョフ政権が樹立する
1990	東西ドイツが統一される ･･････････ D
1991	ソ連が解体される ･････････････ E

> 安全保障理事会（あんぜんほしょうりじかい）は，アメリカ，
> イギリス，（ W ），中国，ロシア
> （ソ連）が常任理事国で，本部はア
> メリカの（ X ）にある。

ア W：ドイツ　　X：ワシントンD.C.　　**イ** W：ドイツ　　X：ニューヨーク
ウ W：フランス　X：ワシントンD.C.　　**エ** W：フランス　X：ニューヨーク

(2) 年表中の ☐ B ☐ にあてはまる国名を書け。

(3) 年表中の**C**と**E**の関係について述べた次の文中の（ Y ）に共通してあてはまる語句を書け。
また，（ Z ）にあてはまる内容を書け。

> ヨーロッパ共同体（EC）は，西ヨーロッパ諸国の経済統合を進めるために設立され，
> 1993年に（ Y ）に発展した。また，年表中の**E**以降，（ Y ）の加盟国数は増加した。そ
> の理由は（ Z ）からである。

(4) 年表中の**D**について，アメリカのブッシュ大統領とソ連のゴルバチョフ書記長が冷戦の終結
を宣言した会談は何か，書け。

(5) 年表中の**E**について，この2年前に，ドイツの首都を東西に隔てていた壁が崩壊（ほうかい）した。この
壁の名称を書け。

(1)		(2)		(3)	Y
(3)	Z				
(4)			(5)		

□ 編集協力　㈱プラウ21(小木曽直)　㈱カルチャー・プロ　小南路子

□ 本文デザイン　小川純(オガワデザイン)　南彩乃(細山田デザイン事務所)

□ 図版作成　㈱プラウ21　㈲デザインスタジオエキス.

□ 写真提供　アフロ　大阪府立弥生文化博物館　九州国立博物館　宮内庁　宮内庁三の丸尚蔵館　神戸市立博物館　広隆寺
　　　　　　国立中央博物館(大韓民国)　国立歴史民俗博物館　埼玉県立さきたま史跡の博物館　芝山町立芝山古墳・はにわ博物館
　　　　　　正倉院　東京国立博物館 Image:TNM Image Archives　東北歴史博物館　富井義夫
　　　　　　長岡市立科学博物館(新潟県長岡市教育委員会)　長崎歴史文化博物館　広島県長善寺　横浜ユーラシア文化館

□ イラスト　林拓海

シグマベスト
実力アップ問題集
中学歴史

本書の内容を無断で複写 (コピー)・複製・転載する
ことを禁じます。また, 私的使用であっても, 第三
者に依頼して電子的に複製すること (スキャンやデ
ジタル化等) は, 著作権法上, 認められていません。

編　者　文英堂編集部
発行者　益井英郎
印刷所　岩岡印刷株式会社
発行所　株式会社文英堂
　　　　〒601-8121　京都市南区上鳥羽大物町28
　　　　〒162-0832　東京都新宿区岩戸町17
　　　　(代表)03-3269-4231

実力
アップ
問題集

EXERCISE BOOK | SOCIAL STUDIES

解答・解説

中学歴史

文英堂

1章 原始・古代の世界と日本

歴史の流れ

p.5　基礎問題の答え

1 (1) イ　(2) イエス＝キリスト
(3) 紀元前…B.C.　紀元後…A.D.
(4) a…中世　b…近代　(5) イ
(6) 1101(年から)1200(年まで)
(7) 20

解説 (1) 1世紀から21世紀まで21の世紀があるので，21×50cm＝1050cm＝10.5mとなり，約10mとなる。
(2) キリスト教の開祖である。実際はイエスの生まれた年は紀元前4年ごろといわれている。
(5) 古代とか中世などは，社会のしくみがほぼ同じ時代をひとまとめにしたものをいう。
(7) 2000年は，20世紀最後の年である。

p.6〜7　標準問題の答え

1 (1) A…イ　B…エ
(2) ア　(3) 大化　(4) イ
(5) ⓐ 8　ⓑ 14　ⓒ 17
(6) C…奈良　D…平安
E…鎌倉　F…室町
G…安土桃山　H…江戸
(7) ⓓ 明治
ⓔ 大正
ⓕ 昭和
(8) 令和

解説 (1)・(2) Aは弥生土器が使われたので弥生時代，Bは古墳がつくられたので古墳時代という。
(3) 大化，白雉と続き，一時中断したが，701年の大宝から現在の令和まで続いている。
(4) 中国では現在使われていない。
(6) 奈良時代から江戸時代までは，政治の中心地がどこにあったかで時代名がつけられている。
(7) 明治時代以降，1人の天皇に対し1つの年号が使われるようになった。

2 (1) A…イ　B…ウ
(2) a…8　b…16

(3) 例 イエス＝キリストが生まれた年を西暦元年とした100年単位の分け方
(4) ① エ　② カ　③ ウ　④ エ　⑤ カ
⑥ ア

解説 (1) 古代・中世は，社会のしくみによる分け方。
(2) aの鑑真が来日したのは753年なので，8世紀。bのフランシスコ＝ザビエルが来日したのは1549年なので，16世紀である。
(3) 1〜100年までが1世紀，101年〜200年が2世紀。現在は2020年代なので，21世紀である。
(4) ①は1543年，②は1853年，③は1274年と1281年，④は1397年，⑤は1641年，⑥は752年のできごと。

3 (1) 紀元前300(年から)紀元前201(年)
(2) 101(年から)200(年)

解説 (1) 紀元前1年から年代をさかのぼっていく。

❶ 文明のおこりと日本

p.10〜11　基礎問題の答え

1 (1) 場所…イ　名称…メソポタミア
(2) ア　(3) 始皇帝

解説 (1) チグリス川・ユーフラテス川は，現在のイラクを中心に流れる大河で，その流域で紀元前3000年ころにメソポタミア文明がおこった。
(2) 漢字のもとになった甲骨文字は，殷墟(殷の都の跡)から発見された。
(3) 紀元前221年，秦の王が戦国時代の中国を統一し，初代皇帝ということから始皇帝と名のった。

2 (1) エ　(2) 銅鐸　(3) エ

解説 (1) 「今から5000年ほど前」は，縄文時代のころである。この時代にはエの竪穴住居に住み，狩り・漁のくらしをしていた。アは古墳時代，イは奈良時代，ウは弥生時代に見られた。
(3) 稲作が広がるにつれ，人々の間に格差が広がった。

3 (1) エ
(2) ① イ　② 漢
③ (右図参照)
④ 南朝　⑤ 百済

2

(3) 前方後円墳

解説 (1) **a** について，**吉野ヶ里遺跡**は，佐賀県にある弥生時代の環濠集落の遺跡。**三内丸山遺跡**は，青森県にある縄文時代の大集落の遺跡。

(2)① 弥生時代後半になると，有力な「むら」が弱い「むら」をしたがえ，やがて「くに」ができた。
② **金印**を授けられた57年は，中国は漢（後漢）の光武帝の時代だった。④ 当時の中国は，南で4王朝，北で5王朝が次々にあらわれる南北朝時代だった。倭の五王についての記述は，南朝の宋の歴史書にある（『宋書』倭国伝）。⑤ **百済**の聖明王から経典と仏像が贈られ，正式に仏教が伝えられた。

(3) **大仙古墳**などの巨大な**前方後円墳**から，当時の土木技術や大王などの強い権力を知ることができる。

p.12～13 **標準問題の答え**

1 (1)例 氷河時代が終わって気候が温暖になり，海面が上昇したため。
(2) 国名…エジプト　記号…イ

解説 (1) 約1万年前まで続いた**氷河時代**には，日本列島と大陸は陸続きだった。しかし，気候が暖かくなり氷河がとけるようになると，海面が上昇し，地殻の変動などもあって，ほぼ現在の日本列島が形成された。

(2) 写真のピラミッドは，紀元前3000年ころにナイル川流域に成立したエジプト文明でつくられ，王の墓と考えられている。このころの日本は縄文時代で，**イ**の縄文土器が使用されていた。**ア**は弥生時代，**ウ**は古墳時代，**エ**は飛鳥時代と関係がある。

2 (1) イ　(2) 祭りの道具（祭りのための宝物）

解説 (1) **銅鐸**は，弥生時代に使用された青銅器である。この時代には稲作が広まり，その管理などをめぐって「むら」どうしの争いがおこり，やがて「くに」が誕生したと考えられている。

定期テスト対策			
旧石器・縄文・弥生時代の比較			
	旧石器時代	縄文時代	弥生時代
道具	打製石器	磨製石器 縄文土器	青銅器・鉄器 弥生土器
生活	移動（狩りや漁・採集）		定住（稲作）
遺跡	岩宿	三内丸山	登呂，吉野ヶ里

その中から，中国に使いを送る奴国のような「くに」もあらわれた。**ア**は古墳時代，**ウ**は旧石器時代，**エ**は縄文時代のようす。

(2) **青銅器**は**祭りの道具**として使われたとされる。これに対し，**鉄器**は**武器・農具・工具**などの実用品として使われた。

3 (1)① B　② 埴輪
(2) 府県名…奈良県　位置…イ

解説 (1) Bの埴輪は，古墳のまわりなどに並べられた。Aは縄文時代につくられた土偶。
(2) 大和地方は現在の奈良県。

4 (1)例 このころの日本にはまだ文字がなかったから。
(2)例 このような形の古墳を前方後円墳とよび，大王や豪族をほうむるためにつくられた。
(3) 大王
(4) ア

解説 (1) 日本に漢字が伝えられたのは5世紀ころで，1世紀ころのようすは中国の歴史書からわかる。
(2) 古墳は王や豪族の墓。中でも前が方形，後ろが円形になった**前方後円墳**には，大阪府堺市の**大仙古墳**など，巨大なものが多い。
(3) 大王は「おおきみ」と読む。

定期テスト対策
❶ 前方後円墳は，名称のほか，形をえがかせる問題もあるので，気をつけよう。
❶ 渡来人に関する問題では，土木技術や須恵器づくり，漢字や仏教に関するものが多いので，整理しておこう。

❷ 古代国家の成立と東アジア

p.16～17 **基礎問題の答え**

1 (1)① 十七条の憲法　② ア
(2)① ウ　② 法隆寺

解説 (1)① 十七条の憲法は，役人の心構えを示すために出された。② アは家柄にかかわらず，才能や功績のある人を用いるために制定された。
(2)① 小野妹子らを中国に派遣した使節は遺隋使と

いった。

② **法隆寺**は現在の奈良県斑鳩町に建てられている。

定期テスト対策

❶聖徳太子の政策に関しては，内政，外交に分け
て整理しておこう。特に**十七条の憲法**は，史料
としてよく読んでおこう。

❶法隆寺については，**現存する世界最古の木造建
築物**であること，**世界遺産に登録されている**こ
とをおさえておこう。

---

2 (1) **イ** (2) **調**

解説 (1) Xは645年に始まった**大化の改新**について
なので正しい。Yは壬申の乱に勝って天武天皇とし
て即位したのは**大海人皇子**なので誤り。Zの院政を
始めたのは平安時代後期の白河上皇なので誤り。

(2) 調は特産物など，庸は麻布で，ともに都まで運
んだが，その費用は農民が負担した。

---

3 (1) **9(人)** (2) **墾田永年私財法**

解説 (1) 口分田をあたえられるのは男女とも6歳以
上なので，4歳の男以外の9人にあたえられる。

(2) 743年に口分田の不足を補うために墾田永年私財
法が出された。その後，寺社や貴族などが私有地を
増やしていき，**公地・公民**がゆらぐことになった。
この私有地はのちに**荘園**とよばれるようになる。

---

4 (1) **平城京** (2) **ウ**

解説 (1) 平城京は，長安とはちがい，周囲を外壁で
囲まれてはいないのが特徴。

(2) 平城京に都が移されたのは710年。アの御成敗
式目は1232年，イの十七条の憲法は604年，ウの墾
田永年私財法は743年。

---

5 (1) 例 **自分の娘を天皇のきさきにし，生まれ
た子どもを天皇として，天皇が幼いときは
摂政，成人してからは関白となって政治の
実権をにぎった。**

(2) **浄土信仰[浄土教]**

解説 (1) 藤原氏の「摂関政治」は，摂政と関白に就
任して，天皇にかわり実権をにぎった政治。

(2) 10世紀なかばには社会が乱れ，仏法がおとろえ
る末法の世が始まるという末法思想の流行もあって，
阿弥陀仏に救いを求める**浄土信仰**が広まった。

---

1 (1) 例 **家柄にとらわれず，才能や功績がある
人を取り立てる制度。**

(2) **イ** (3) **ウ**

解説 (1) 冠を色分けして大小に分け，役人にあたえ
た。

(2) 現在の宮城県に多賀城を築き，東北地方の蝦夷
を支配する拠点とした。

(3) 平安京に空也や源信があらわれ，阿弥陀仏の信
仰をすすめた。

---

2 (1) 例 **インドから中国を経て，朝鮮半島から
渡来人らによってもたらされた。**

(2) ① **大宝律令** ② **エ**

③ 例 **日本の風土や生活に合った，日本独
自の文化。**

解説 (1) 仏教は，インドで発祥し，シルクロード(絹
の道)を経て中国や朝鮮に伝わり，渡来人によって
日本にもたらされた。そのため，広隆寺の弥勒菩薩
像には朝鮮だけでなく，中国，インドなどの仏像の
影響も見られる。

(2) ① **大宝律令**の制定により，日本でも律令政治が
始まった。② 遣唐使は630年に始まり，894年に菅
原道真の建議によって停止されるまで続いた。アは
1519〜22年，**イ**は4〜5世紀ころ，**ウ**は1271年，
エは794年。③ この文化を国風文化という。遣唐
使の停止によって，中国の文化の影響がうすれたた
めに発達した，**日本の生活や風土に合った文化**であ
る。

---

3 (1) 例 **豪族による支配から，国家による直接
の支配に変えようとした。**

(2) ⓐ **ア** ⓑ **ウ**

(3) 例 **人口が増加したから。**

解説 (1) 大化の改新以前は，土地や人民は豪族が私
有していたが，それらをすべて国家の直接支配のも
とにおいた。これを**公地・公民**という。

(2) 班田収授法では，戸籍にもとづいて6歳以上の
良民男子には2段(反。約23アール)，**女子にはそ
の3分の2の口分田**があたえられた。また，奴婢に
は良民の3分の1の口分田があたえられた。この口
分田は，本人が死ぬと国家に返させた。また，口分
田の収穫高の約3％の稲を租としておさめさせた。

(3) 奈良時代の中ごろになると，農民の逃亡や災害

などで荒れ地になる口分田が増え，さらに人口増加によって，口分田が不足してきた。

4 (1) 飛鳥文化
(2) ① エ　② ウ→ア→エ→イ　③ ウ
(3) ① 聖武天皇
② 例 仏教の力で国を守るため。

解説 (1) 日本で最初の仏教文化である。
(2) ① エは，日本最初の貨幣といわれる富本銭の発行が天武天皇のころなので，聖徳太子の政策ではない。② アは663年，イは701年，ウは645年，エは672年のできごと。③『源氏物語』は国風文化の最盛期である11世紀初めに紫式部によって書かれた長編小説。清少納言は随筆『枕草子』の作者。
(3) ① 聖武天皇は，妻の光明皇后とともに仏教を深く信仰していた。② 当時，仏教には国を守る力があると信じられており，聖武天皇は国ごとに国分寺・国分尼寺，都に東大寺と大仏をつくることを命じた。

---

p.20〜23　実力アップ問題の答え

1 (1) 例 煮る[炊く]
(2) ① 高床倉庫　② くに
(3) 平城京
2 (1) 稲作
(2) 例 食料を保存できるようになったため，生活が安定した
3 (1) 土偶　(2) イ　(3) ウ→ア→イ→エ
4 (1) 壬申の乱　(2) エ
5 (1) ① シルクロード[絹の道]
② 例 西アジアと交流のあった唐の文化を遣唐使が日本に伝えたから。
(2) ウ　(3) ① ア　② イ
6 (1) ① 狩猟[漁労，採集]　② 高床
③ 例 戦いがおきた
(2) 白村江の戦い　(3) ① 風土記　② イ

解説 **1** (1) 写真の土器は弥生土器で，煮炊きをした。
(2) ① 高床倉庫は，湿気を防ぐのに適していた。また，ねずみの害を防ぐためにねずみ返しの工夫をした。② 稲の生産量のちがいなどから貧富の差が生まれるようになり，指導者もあらわれるようになって「むら」がつくられた。その「むら」どうしが争

って，強い「むら」は周囲の「むら」をしたがえて，やがて「くに」となっていった。
(3) 唐の長安をまねて，現在の奈良市につくられた都。道路によって碁盤目状に規則正しく区画された。
2 低湿地に水田をつくるため，住居も低地に進出した。やがて登呂遺跡(静岡県)のような大規模な集落が形成されるようになり，人口も増加していったと考えられる。
3 (1) 土偶は，魔除けや家族の繁栄などを祈るためのものと考えられ，女性をかたどったものが多い。
(2) B班のレポートが「大和政権の発展」ということなので，大仙古墳を代表とする前方後円墳の写真が最も適当な資料となる。アは鎌倉時代，ウは江戸時代，エは旧石器時代についての資料。
(3) アは645年，イは8世紀なかば，ウは603年，エは794年のできごと。
4 (1) 壬申の乱に勝利した天智天皇の弟が即位して天武天皇となり，律令にもとづく天皇中心の政治をめざした。
(2) エの『万葉集』は⑧の時期の歌集。
5 (1) ① シルクロードは，中国，中央アジア，西アジア，ヨーロッパを結ぶ交易路である。中国特産の絹がローマ帝国にまで運ばれたことからシルクロードと呼ばれるようになった。② 地図を見ると，中国とペルシャ(西アジア)は交易路がつながっており，交流があったことがわかる。
(2) 阿弥陀如来像は浄土信仰が流行した平安時代中期につくられた。アは飛鳥時代，イは奈良時代についての説明。
(3) ① 国風文化の最盛期は，摂関政治の最盛期と重なっている。『源氏物語』の作者紫式部は，藤原道長の娘である中宮彰子に仕えていた。また，清少納言は中宮定子(道長の兄の娘)に仕えていた。

定期テスト対策

❶「武」のつく天皇をまとめよう
・天武天皇…壬申の乱に勝利。
・聖武天皇…国分寺・東大寺建立，大仏造立。
・桓武天皇…平安京への遷都。
＊それぞれ漢字のまちがいをしないように。

---

6 (1) 縄文時代は採集・狩猟・漁労が中心だったが，稲作が始まった弥生時代にはしだいに生産力に差がつくようになり，その米・土地・水をめぐる争いがたびたびおこるようになった。資料Ⅲはその戦いの

ようすを示し，**資料Ⅳ**の中国の歴史書も倭(日本)の国内が乱れていることを記している。

(2) 660年，百済が新羅に滅ぼされると，日本は百済を助けるために出兵したが，663年に**白村江の戦い**で新羅・唐の連合軍に敗れ，朝鮮半島から手を引いた。

(3) ①『風土記』は国ごとにつくられたが，現在完全に残っているのは『出雲国風土記』のみ。常陸・播磨・豊後・肥前の『風土記』は一部残っている。
② 『風土記』は奈良時代の初めに編さんが命じられた地理書。奈良時代には，この地理書『風土記』のほか，**ウ**の『古事記』，**エ**の『日本書紀』の歴史書，**ア**の歌集『万葉集』などが編さんされた。**イ**の『枕草子』のみ，平安時代の作品。

2章 中世の日本

❸ 武家政治の成立と展開

p.26〜27 基礎問題の答え

1 (1) ① 白河
　　　② 例 天皇が，位をゆずった後も上皇として政治の実権をにぎるしくみ。
　(2) 例 娘を天皇のきさきにし，生まれた子を天皇にしたこと。
　(3) 宋

解説 (1) 白河天皇は，藤原氏とのつながりがうすく，譲位して上皇となったのちも院(上皇の御所)で政治を行い，実権をにぎった。
(2) 平清盛は娘の徳子(建礼門院)を高倉天皇のきさ

きにし，生まれた子を安徳天皇として即位させて，外祖父として政治の実権をにぎった。
(3) 平氏は，**日宋貿易**や全国の荘園からの収入で，経済的に豊かだった。

2 (1) イ　(2) **承久の乱**

解説 (1) **ア**は1232年，**イ**は1221年の承久の乱後，**ウ**は1185年，**エ**は1192年のできごとなので，**イ**が3番目になる。
(2) 1221年に，京都の後鳥羽上皇が倒幕の兵を挙げると，源頼朝の妻**北条政子**は，御家人を前に頼朝の御恩を説いて，御家人の結束をうながした。これがきっかけとなって，幕府軍は朝廷軍を破って勝利した。敗れた後鳥羽上皇は隠岐に流された。

3 (1) X…集団　Y…火薬
　(2) 目的… 例 御家人を救済すること。
　　　内容… 例 御家人の借金を帳消しにできることなどを定めた。[御家人が手放した土地をただで返させることなどを定めた。]
　(3) フビライ＝ハン　(4) イ

解説 (1) 資料の左側の元軍は，**集団戦法**と「てつはう」とよばれる**火器**(火薬を使った武器)で，弓や刀を中心とした一騎打ちスタイルの幕府軍を苦しめた。
(2) **元寇は外国との戦い**だったので，元を追いはらったとはいっても，御家人にあたえるべき領地(領土)を獲得できなかった。そのため御家人に十分な恩賞をあたえることができず，戦費調達のためにした借金が残されたままだった。それに加えて，鎌倉時代を通して分割相続を続けてきたため，御家人の領地は少なくなって収入が減り，生活が苦しくなっていた。そこで，「借金帳消し令」である**徳政令(永仁の徳政令)**が1297年に出されたが，経済はかえっ

◀ 得点アップコーチ 飛鳥・天平・国風文化

	飛鳥文化	天平文化	国風文化
時代	6世紀末〜7世紀初め	8世紀	10世紀初め〜11世紀中ごろ
特徴	日本初の仏教文化	唐(西アジア・南アジア)の文化の影響を受けた国際色豊かな文化	唐の文化を基にした，日本の風土や生活に合った貴族の文化
建築物	法隆寺，四天王寺	東大寺正倉院，唐招提寺	寝殿造の邸宅，平等院鳳凰堂
美術	釈迦三尊像・百済観音像(法隆寺)	正倉院宝物(五絃琵琶，瑠璃杯)　吉祥天女画像(薬師寺)	阿弥陀如来像(平等院鳳凰堂)　源氏物語絵巻，鳥獣戯画
書物		古事記，日本書紀，万葉集	古今和歌集，源氏物語，枕草子

て混乱した。

(3) フビライ＝ハンはチンギス＝ハンの孫である。

(4) 道元は禅宗の一派である曹洞宗を伝えた。**ア**は平安時代，**ウ**は室町〜安土桃山時代，**エ**は奈良時代の仏教のよう。

4 (1) a…**イ** b…**ア** (2) 一遍

解説 資料は，「一遍上人絵伝」の備前国福岡荘(岡山県)のようすをえがいた場面。

(1) 鎌倉時代には，法然の**浄土宗**，親鸞の**浄土真宗**などの念仏宗が広まった。

(2) 一遍は，諸国を渡り歩き，踊り念仏で時宗を広めた。

定期テスト対策

❶ 元寇は，「蒙古襲来絵詞」を使っての出題が多い。教科書や資料集に載っている場面を確認しておこう。特に集団戦法と火器が使用されている場面，石の防壁がえがかれている場面は重要。

❶ 元寇後の社会のよう，特に徳政令の発布について要因，内容などについてよく問われるので，整理しておこう。

❶ 元寇の「寇」は「冠」と書きまちがえやすいので注意が必要。

---

p.28〜29 標準問題の答え

1 (1) ① **ウ** ② **イ**

(2) 例 宋(中国)との貿易をさかんにするため。

(3) **ア**

(4) 御恩…例 将軍が御家人に対して，領地を保護したり，新たに領地をあたえたりすること。
奉公…例 御家人が将軍に対して，軍役の義務を果たすこと。

解説 (1) ①は兵庫の港で大輪田泊とよばれた。現在の神戸港(兵庫県)にあたる。②は鎌倉で，現在の神奈川県鎌倉市。

(2) 当時の宋とは正式な国交は行われていなかったが，商人の行き来はあった。そこに目をつけた平清盛は，兵庫の港を整備して宋との貿易を始め，ばく大な利益を上げて，平氏政権の経済的基盤を支えた。

(3) 太政大臣は，適任者がいなければおかないとされる，律令の最高の地位であった。これまで武士が

この地位に就いたことはなかった。

(4) 鎌倉時代の将軍と御家人は，御恩と奉公の関係で結ばれていた。御恩とは，源頼朝(将軍)が主従関係を結んだ武士である**御家人**の先祖伝来の領地を保護し，手柄があった場合には新しい領地をあたえること。これに対し，御家人は将軍に忠誠を誓い，鎌倉や京都の警備にあたるほか，戦いがあれば「いざ鎌倉」と家来を率いて出陣した(奉公)。このような土地を仲立ちにした主従制度を**封建制度**とよぶ。

2 (1) **北条泰時** (2) **執権**
(3) 例 裁判を公平に行うための法律。
[裁判の基準を示した法律。]

解説 (1) 北条泰時は義時の子で，承久の乱の後，六波羅探題の長官を務め，のち3代執権となって，幕府政治を安定させた。

(2) 執権は，政所と侍所の長官を兼ねた鎌倉幕府の役職である。源頼朝の死後，頼朝の妻北条政子の父親時政が初代の執権となり，のち政子の弟義時が2代執権となって，**執権政治**を確立した。

(3) 1232年に制定された御成敗式目(貞永式目)は，御家人のみに適用され，公家はふくまれていなかった。頼朝以来の慣習や先例をもとに制定されたもので，最初の武家法である。戦国時代の分国法や江戸時代の武家諸法度といった後の武家法に影響をあたえ，武家政治のよりどころとされた。

3 (1) **フビライ＝ハン** (2) **ウ**

解説 (1) フビライ＝ハンは，モンゴル帝国の東アジア地域を本拠地とし，1271年，国号を元と改め，都を大都(現在の北京)に定めた。まず朝鮮半島の高麗を服属させ，ついで日本も属国にしようと使者を執権北条時宗に送ったが，時宗はこれを拒否した。そこで，フビライ＝ハンは1274・81年に軍を送り，幕府軍を苦しめた。

(2) **ウ**の集団戦法と火器の使用は，それまでの日本の合戦にはなかった戦い方だった。**ア**の2度の元寇は文永の役と弘安の役。文禄の役と慶長の役はのちの豊臣秀吉による朝鮮侵略。**イ**の防人は，律令政治が行われているころに九州北部を守った兵士。**エ**は，恩賞が少なかったこともあり，御家人の不満が高まったというのが正しい。

4 (1) **地頭** (2) **エ** (3) **ウ**

解説 (1)「泣く子と地頭には勝てぬ」という言葉が示

すように，地頭の荘園支配が進んだ。資料は，紀伊国阿氏河荘の農民が地頭の横暴を荘園領主に訴えたものである。

(2) 東大寺南大門には，大仏様とよばれる宋の建築様式が取り入れられている。雄大で力強い様式で，鎌倉時代の文化の特徴を示している。

(3) 一遍，法然，親鸞は念仏宗とよばれる宗派に属している。「南無阿弥陀仏」という念仏を唱えれば極楽往生ができると説いた。親鸞は，浄土宗を開いた法然の弟子で，「悪人（迷いやすいふつうの人）」こそ救われるとする教えを唱え，浄土真宗を開いた。

---

❹ 室町幕府の政治と東アジアとの交流

p.32～33 基礎問題の答え

1 (1) 建武の新政
　(2) 南北朝時代
　(3) X…守護　Y…戦国

解説 (1) 建武の新政を行った後醍醐天皇は，公家と武家を統一した天皇中心の政治を理想としたが，実際には公家中心の政治が行われ，武士の不満が高まった。その上，公家にだけ手厚い恩賞をあたえるなどしたため，公家と武家の対立が深まった。

(2) 建武の新政が2年あまりで失敗すると，後醍醐天皇は吉野（奈良県）に逃れ，新しい朝廷を開いた（南朝）。これに対し，武家の中心となった足利尊氏は，京都に別の天皇を新たに立てた（北朝）。南北朝の対立はその後約60年間続いた。

(3) 南北朝時代は，守護が守護大名に成長する時期でもあり，任国の地頭などをしたがえて領主化して

いった。しかし，応仁の乱のころから，下剋上の風潮のもと，守護大名は戦国大名にとってかわられた。

2 (1) a…倭寇　b…勘合　(2) イ
　(3) 例 琉球王国は，日本，中国，朝鮮，東南アジアのいずれにも近く，これらの国々と，さかんに中継貿易を行ったから。

解説 (1) 明との貿易は，明の倭寇の取りしまり要求から始まり，貿易の利益を考えた足利義満が始めた。倭寇と正式の貿易船を区別するため，勘合とよばれる合い札が用いられた。

(2) 1392年，李成桂が高麗を滅ぼして朝鮮を建国した。アとウは飛鳥時代，エは鎌倉時代のできごと。

(3) 琉球王国は，日本，中国，朝鮮，東南アジアのいずれともほぼ同じくらいの距離に位置しており，貿易船の中継地として繁栄した。

定期テスト対策

❶日明貿易の合い札である勘合の目的はよく問われるので，整理しておこう。

❷14～15世紀にかけての東アジアの国々の動向を，キーワードとともにおさえておこう。
・明…漢民族の王朝。日本と勘合貿易。
・朝鮮…李成桂が建国。ハングルの使用。
・琉球王国…尚氏が統一。中継貿易で発展。

3 (1) 名称…馬借　記号…ウ　(2) エ

解説 (1) 馬を使って陸上輸送を行ったので馬借とよばれた。木材や石など重量物を車に載せ，牛や馬に引かせて輸送した運送業者は車借とよばれた。また，村の自治が進んで農民が団結するようになり，しば

◀ 得点アップコーチ 平安・鎌倉時代の仏教

	宗派名	開祖	特色		広がり
平安	天台宗	最澄	比叡山延暦寺（北嶺と称された）。人間の絶対平等		貴族
	真言宗	空海	高野山金剛峯寺，東寺（教王護国寺）。加持祈禱→密教		貴族
念仏宗	浄土宗	法然	「南無阿弥陀仏」を唱える		公家・上級武士
	浄土真宗	親鸞	「悪人」こそ救われる（悪人正機説）		地方武士・農民
	時宗	一遍	諸国を渡り歩き，踊り念仏で布教		武士・庶民
	日蓮宗（法華宗）	日蓮	題目（南無妙法蓮華経）を唱えれば人も国も救われる		武士・商工業者
禅宗	臨済宗	栄西	座禅を行い自力で悟る	幕府の保護を受ける	公家・上級武士
	曹洞宗	道元		権力をきらい，越前に道場（永平寺）	地方武士・農民

しば**土一揆**で徳政を要求した(**徳政一揆**)。

(2) Ⅱの旗に見られる往生という文字などから，宗教に関するものと判断できるだろう。これは，**一向宗(浄土真宗)**の信者たちがおこした一向一揆の時に使われた旗で，団結して命がけで戦う決意を示している。

4 (1) **能** (2) **書院造** (3) **雪舟**

解説 (1) 資料Ⅰは**能面**である。将軍足利義満の保護を受けた観阿弥・世阿弥父子が，民間芸能である猿楽と，農村で田植えのときに舞われていた田楽などをもとに能を大成した。また，能の合間に演じられた喜劇が**狂言**で，能と狂言をあわせて能楽という。

(2) **書院造**には，禅宗寺院の様式が取り入れられ，床の間，違い棚，ふすま，畳，明かり障子などが用いられていた。現在の和風建築のもとになった。

(3) **雪舟**は，応仁の乱のころに明に渡り，帰国後，独自の水墨画を大成した。資料Ⅲは「山水長巻」の一部である。

p.34〜35 標準問題の答え

1 (1) 例 借金の帳消し
(2) **ウ** (3) **イ**

解説 (1) 1428年におきた**正長の土一揆**は，近江国(滋賀県)坂本の馬借が**借金の帳消しを要求**して蜂起した土一揆である。奈良市柳生町にある地蔵には「借金放棄」を意味する言葉が彫られている。

(2) 室町時代には，高利貸しを営む土倉・酒屋などがさかえ，幕府に税をおさめるかわりに保護を受けた。**ア**は室町時代末期から安土桃山時代，**イ**は江戸時代，**エ**は安土桃山時代のようす。

(3) **御伽草子**には『浦島太郎』『一寸法師』などがある。**ア**，**ウ**は江戸時代，**エ**は明治時代の文化のようすである。

2 (1) **明**
(2) 例 正式の貿易船と倭寇を区別するため。
(3) **足利義満** (4) **琉球王国**

解説 (1) 明は，1368年にモンゴル民族を北に追いやり，朱元璋が建国した漢民族の王朝である。

(2) 勘合は倭寇と正式の貿易船を区別するために用いられた合い札。明へ渡る貿易船は，幕府から文字の書かれた札の半分をもらい，明でもう半分と照合して，正式な貿易船であることが確認されると，貿

易を許された。

(3) 勘合貿易を始めた足利義満は，室町幕府の第3代将軍である。なお，貿易開始時(1404年)はすでに息子にその職を譲っており，将軍ではなかった。

(4) 琉球王国は，**資料**にも「万国の架け橋」とあるように，日本だけでなく朝鮮・中国(明)・東南アジアの国々ともさかんに交易し，独自の文化が発達するようになった。しかし，16世紀なかばに，ポルトガルの商人の活動が活発になり，明の商人も東南アジアへ進出するようになると，琉球の貿易船の活動も衰えるようになった。

3 (1) **ア** (2) **応仁の乱** (3) **エ**

解説 (1) 室町時代には，有力な農民を中心に**惣**とよばれる自治組織がつくられた。**イ〜エ**は江戸時代の農村のようす。

(2) **資料Ⅱ**の作者は雪舟である。**応仁の乱**は，1467〜77年の約11年間も続いた戦乱で，その混乱を避けて地方に下り，文化を広める公家や僧などもいた。山口に移住した雪舟もその1人であった。

(3) **資料Ⅱ**は水墨画の代表作である。水墨画は，墨の濃淡や線の強弱などを使った墨1色の絵で，宋・元の時代の中国で発展し，禅僧により日本に伝えられた。雪舟は，明に渡って水墨画を学び，帰国後，宋・元の様式からはなれ，独自の画風を大成した。代表作に**資料Ⅱ**の「秋冬山水図」や「山水長巻」などがある。

4 (1) **ア**
(2) 例 国人や農民が，守護を排除して自分たちで山城国を統治したから。
(3) 例 守護大名にかわって戦国大名が台頭した。

解説 (1) 応仁の乱は，8代将軍足利義政のあとつぎ問題のほか，有力守護大名どうしの争いも要因の1つだった。細川氏は室町幕府の管領，山名氏は所司という重臣で，それぞれに相続争いがあった。

(2) **資料Ⅰ**から，国人(地方在住の武士)や農民たちが会合を開いて，山城国を統治するための掟などを定めていることが読み取れる。

(3) 応仁の乱後，各地で**下剋上**の風潮が広まり，支配者が守護大名から戦国大名にかわる地方が多くなった。中国地方にも尼子氏や毛利氏などが登場し，一国一城の主となっていった。

1　(1) 例 院政といい，天皇が譲位して上皇または法皇になったあとも実権をにぎって政治を行うというもの。
　(2) ① 下剋上　② 東山文化
　　　③ 山城国一揆

2　(1) A…ア　B…カ　C…オ
　(2) ことがら…ⓒ　人物…エ

3　(1) ウ
　(2) 例 ユーラシア世界が１つにまとまっていった。

4　(1) a…天皇(貴族)　b…武士
　(2) 例 わかりやすく，実行しやすかった

5　(1) ① エ　② ア→エ→ウ→イ
　(2) 例 武士の世の中になったため，武士の気風を反映した力強さがある。
　(3) ウ

6　(1) エ　(2) ① イ　② 後鳥羽上皇
　(3) ① 足利義政　② ア

7　(1) 例 豊かな商工業者(富裕な町衆)により，町の自治が行われた。
　(2) 例 先祖伝来の領地の支配を認める。[功績があれば新たな領地をあたえる。]

解説 1 (1) 白河天皇は1086年に譲位して上皇になったのちも，上皇の御所である院で政治を行い，政治の実権をにぎっていった。院政は，鎌倉時代初期の後鳥羽上皇のころまで続いた。
(2) ① 実力ある家臣が守護大名を倒して戦国大名になるといった下剋上は，全国いたるところで見られ

るようになった。また，守護大名から領内の支配を固めて戦国大名となるものもあらわれた。② 銀閣は京都の東山に建てられたことから，銀閣を中心にさかえた文化を東山文化という。これに対し，足利義満が京都北山に建てた金閣を中心にさかえた文化を北山文化という。③ 京都府南部は山城国とよばれていた。この国の武士(国人)と農民が守護大名を追い出し，約８年間自治を行った。

2 (1) 1185年に源頼朝によって国ごとに設置されたAの守護は，御家人が任命され，その国の御家人の統制や軍事・警察などにあたった。その後，南北朝の動乱を通して，足利尊氏が年貢の半分を取る権利をあたえられ，しだいに力を強めていった。実力を得た守護は，国内の地頭や国人らをしたがえて領主化し，Bの守護大名に成長していった。しかし，下剋上の風潮が広がるようになると，守護大名はCの戦国大名に取ってかわられるようになった。
(2) 明銭は，明との勘合貿易によってもたらされた。この勘合貿易を開始したのは足利義満である。

3 (1) 元軍は，陶器に火薬や鉄片などをつめた火器であるてつはうや弓矢を用いた集団戦法で戦った。当時の御家人たちは，領地の分割相続を繰り返すことによって，土地が減り，困窮していた。
(2) モンゴル帝国はユーラシア大陸の大部分を支配し，広く交流を進めた。そのため，元の陶磁器や火薬といった技術がヨーロッパへ，西アジアの天文学が元へ伝えられ，各地でそれらの技術や学問が取り入れられるようになった。このようにしてユーラシア世界は一つにまとまっていった。

4 (1) 古代と中世を分ける要因の第一は，支配者が天皇あるいは貴族から武士(将軍)にかわったということである。
(2) 平安末期から鎌倉時代の初期にかけては，戦乱

◀得点アップコーチ 鎌倉文化と室町文化

	鎌倉文化	室町文化
特色	素朴で力強い武家文化	武家と公家の文化が融合。簡素で深みのある文化
建築物	東大寺南大門(大仏様)，円覚寺舎利殿	金閣(足利義満)，銀閣(足利義政)…書院造
美術	金剛力士像(運慶ら)，似絵，絵巻物	水墨画…雪舟
文学	軍記物語…平家物語，随筆…方丈記・徒然草，歌集…新古今和歌集(藤原定家ら)	軍記物語…太平記，連歌…宗祇，御伽草子…浦島太郎・一寸法師など
その他	刀剣や瀬戸焼など	能…観阿弥・世阿弥父子，狂言

やききんなどがおこり，人々の社会不安も高まった。わかりやすく実行しやすい新しい仏教や中国から伝わった禅宗は，心のよりどころを求めていた庶民や武士などの間に広まった。

⑤(1) 前面を海，三方を山に囲まれていることから，資料Ⅰの地図は鎌倉幕府のおかれた鎌倉とわかる。この幕府を開いたのは，1192年に征夷大将軍に任命された源頼朝である。頼朝は1185年に壇ノ浦で平氏を，1189年に平泉の奥州藤原氏を攻め滅ぼし，武家の棟梁となった。そのあかしとして，征夷大将軍に任命された。
(2) 運慶・快慶らが制作した東大寺南大門にある一対の金剛力士像は，力強さにあふれている。武家の時代になり，東大寺南大門に代表されるような，素朴で力強い，雄大な文化が登場するようになった。
(3) 資料Ⅲは3代将軍足利義満が京都の室町に建てた「花の御所」で，室町幕府の中心となった。
⑥(1) 平将門の乱と同じころ，瀬戸内海沿岸でも藤原純友が反乱をおこした。いずれも武士の力で平定され，朝廷や貴族は武士の力を認めるようになった。
(2)① 鎌倉幕府は，現在の神奈川県鎌倉市におかれた。守りやすく攻めにくい地形だったこともあるが，それ以上に，古くから源氏とゆかりの深い土地だったためである。鎌倉は，前九年の役で活躍した源頼義が，京都の石清水八幡宮の分社として鶴岡八幡宮を建てたことから，源氏の東国における拠点となっていた。②『新古今和歌集』の編さんを藤原定家らに命じた人物としても知られている。
(3)① 応仁の乱のおもな原因は，将軍足利義政のあとつぎ争い。② 足利義政は，京都東山に銀閣を建てた。イは東大寺，ウは姫路城，エは法隆寺。
⑦(1) 京都は，堺と並ぶ代表的な自治都市。
(2) 御恩は，将軍が御家人に対してあたえた。

定期テスト対策

●まちがえやすい歴史用語

御恩…将軍が御家人の領土を守り，あたえる。
奉公…御家人が将軍に忠誠をちかう。
元寇…元(モンゴル民族)の日本への襲来。
倭寇…西日本の武士や漁民などの海賊集団。
執権…鎌倉幕府の将軍の補佐役。
管領…室町幕府の将軍の補佐役。
金閣…室町幕府3代将軍足利義満。
銀閣…室町幕府8代将軍足利義政。書院造。

❺ 世界の拡大と全国統一

p.42～43 基礎問題の答え

1 (1)① フランシスコ＝ザビエル
　　② イエズス会
(2) イ→ア→エ　(3) バスコ＝ダ＝ガマ
(4) 例 カトリック教会の教えを広める
　　［カトリック教会の勢力を回復する］
(5) イ　(6) ウ

解説 (1)① ザビエルはイエズス会の宣教師で，カトリックの勢力回復のためインド，東南アジアで布教していた。その途中で日本人に出会い，日本への布教を決意した。1549年，鹿児島に上陸し，鹿児島，山口，京都などで布教して，2年あまり西日本各地をまわった。その後，多くの宣教師が来日し，日本に南蛮文化を伝えた。② イエズス会は，ルターらの宗教改革への反省から設立されたカトリック側の宗教団体。ロヨラやザビエルらが中心となり，アジアやアメリカ大陸への布教に努めた。
(2) アは1492年，イは14世紀以降，エは1517年。ウのイギリスの産業革命は18世紀後半。
(3) バスコ＝ダ＝ガマは，ポルトガル国王の命令で，1498年にアフリカ大陸南端の喜望峰をまわってインドに到達し，インド航路を開拓した。この航路の開拓により，イエズス会の宣教師がアジアへやってくるのが容易になった。それまでは地中海を通って，陸路でアジアへ行くには，オスマン帝国などを通らねばならず，ポルトガルやスペインの国王は直接アジアへ行ける航路を求めていた。
(4) イエズス会は，まだキリスト教が広まっていない地域への布教をはかった。
(5) 当時日本ではポルトガル人やスペイン人のことを南蛮人とよんだ。その南蛮人との貿易ということで，南蛮貿易とよばれた。アのイギリス人やオランダ人は紅毛人とよばれた。ウの蘭学は，江戸時代にさかんになった，オランダ語を使って西洋の文化などを学ぶ学問。エは鎖国後のオランダとの貿易地。
(6) カステラやボタンなどの言葉は，ポルトガル語に起源を持つ。

11

2 (1) 織田信長

(2) 例 X側の**織田信長が鉄砲を活用し，Y側の武田氏の騎馬隊を破った戦い。**

(3) 法令…**刀狩令**　よび名…**兵農分離**

解説 (1) 文中に「安土」「楽市」とあるので，織田信長が安土城下に出した「楽市令」と判断できる。

(2) 資料ⅠのX側は織田信長・徳川家康連合軍で，鉄砲隊，馬防柵が見える。一方，Y側の武田氏は戦国最強をほこった武田の騎馬隊が描かれている。信長が鉄砲を有効に使ってその威力を天下に示した。

(3) 刀狩とその前に行われた**太閤検地**で，武士と農民の身分の区別がはっきりした。これを**兵農分離**という。

3 (1) 例 **豪華で雄大な文化。** (2) **千利休**

解説 (1) 姫路城は世界文化遺産にも登録されている。雄大な天守閣を持っており，「白鷺城」ともよばれる。当時の新興の大名の気風を反映した，**豪華で雄大な桃山文化の特色**をあらわしている。

(2) **千利休**は堺の商人で，織田信長・豊臣秀吉に仕えて茶の湯を大成し，**侘び茶を完成**させた。のち秀吉の怒りにふれて切腹を命じられた。

p.44～45　標準問題の答え

1 (1) 桶狭間の戦い (2) 宗教改革

(3) 例 **仏教勢力と対抗するため。[西洋文化に対して，興味や関心を抱いていたため。]**

(4) ア (5) ア (6) エ

(7) 例 **物資の輸送が円滑になり，商工業が発展した。**

(8) 例 **座の特権を取り上げたり，市場の税を免除することで，商工業を活発にし，城下町の繁栄を図るため。**

解説 (1) **桶狭間の戦い**は，1560年に尾張(愛知県)の小大名だった織田信長が駿河の大名今川義元を破った戦いで，この勝利により織田信長の名前は天下に知られることとなった。

(2) 1517年，ドイツの**ルター**が教会の免罪符(贖宥状)の発行に抗議し，「95か条の意見書」を発表して，宗教改革を始めた。

(3) 仏教勢力と対立した織田信長は，延暦寺や一向一揆をおさえるために，**キリスト教を保護**した。しかし，南蛮文化に興味を示しはしたが，キリスト教の信者(キリシタン大名)にはならなかった。

(4) **狩野永徳**は，城や邸宅のふすまや屏風などに**障壁画**とよばれる華やかな絵をえがいた。「唐獅子図屏風」はその代表作である。また，信長が越後の上杉謙信に贈ったとされる「洛中洛外図屏風」も永徳の作である。

(5) 千利休は信長や秀吉に仕えた堺の商人で，侘び茶を大成した。**イ**は江戸時代，**ウ**は室町時代，**エ**は鎌倉時代に活躍した人物。

(6) 延暦寺は浅井氏・朝倉氏と結んで信長と敵対していた。このため，信長は1571年に延暦寺を焼き討ちにした。また，石山本願寺を中心とする一向一揆には各地で苦しめられ，1580年まで対立は続いた。

(7) 信長は，関所を廃止することにより物資の自由な輸送をうながし，それによって商工業を発展させ，保護しようとした。

(8) 楽市・楽座の「楽」には「自由」という意味があり，**市場の税を免除し，座の特権(営業の独占，免税の特権)を廃止**して，安土城下でだれでも自由に商工業が営めるようにした。

2 (1) a…**刀狩**　b…**イ** (2) **ア**

◀◀得点アップコーチ 織田信長・豊臣秀吉・徳川家康

	織田信長	豊臣秀吉	徳川家康
出身国	尾張国(愛知県)	尾張国(愛知県)	三河国(愛知県)
おもな居城	安土城(天守閣)	大阪城	江戸城
代表的な戦い	桶狭間の戦い，長篠の戦い…足軽鉄砲隊，本能寺の変…明智光秀に倒される	小牧・長久手の戦い，全国統一…北条氏滅ぼす，朝鮮侵略…文禄・慶長の役	関ヶ原の戦い…実権にぎる，大阪の陣…豊臣氏滅ぼす
政策	楽市・楽座，関所の撤廃，キリスト教の保護	太閤検地・刀狩…兵農分離，宣教師追放	朱印船貿易の奨励，武家諸法度，キリスト教の禁止

(3) できごと…**朝鮮侵略[朝鮮出兵]**
　　人物…**李舜臣**
(4) 例 **教会の力が強まると，自分の権力をお
びやかすと考えたから。**

解説 (1) **a**の刀狩は，農民から武器を取り上げるこ
とによって，**農民の反抗を防ぎ，田畑の耕作に専念
させる**ために実施された。**b**の朝鮮侵略(朝鮮出兵)
は，明を征服するために1592年と97年の2度にわ
たって行われたが，秀吉の死により取りやめとなっ
た。
(2) **太閤検地**により，農民は田畑を耕作する権利を
保証されたが，**年貢をおさめる義務**を負わされた。
(3) 有田焼や唐津焼，薩摩焼などは，朝鮮侵略の際
に連行された朝鮮の陶工らによって始められた。李
舜臣は朝鮮の将軍で，亀甲船を操ったことで有名。
(4) 長崎が教会領となったことで，教会が封建支配
のさまたげとなると考え，宣教師の国外追放を行っ
たが，貿易は奨励したので，あまり効果はなかった。

定期テスト対策

❶ **織田信長**の政策は，**楽市・楽座，関所の廃止**が
よく出る。
❶ **豊臣秀吉**の政策は，**太閤検地，刀狩，朝鮮侵略，
宣教師の国外追放**がよく出る。
❶ 桃山文化については，**千利休，狩野永徳，出雲
の阿国**などの業績についてまとめておこう。

---

3 エ

解説 **エ**の南蛮屏風は，当時の南蛮貿易のようすを知
ることのできる資料である。**ア**は「能(能楽)」では
なく「歌舞伎踊り」が正しい。**イ**は「雪舟」ではな
く「狩野永徳」などが正しい(写真は狩野山楽の
「牡丹図襖」)。**ウ**は「松尾芭蕉」ではなく「千利休」
が正しい。

---

⑥ 幕藩体制と鎖国

p.48〜49　**基礎問題の答え**

1 (1) ① **徳川家康**　② **関ヶ原の戦い**
　　　 ③ **参勤交代**
　　(2) ① **親藩や譜代大名**　② **外様大名**

解説 (1) ① 織田信長，豊臣秀吉に続いて，天下の実
権をにぎり，最終的には約260年続く江戸時代のい

しずえを築いた。② 関ヶ原の戦いは「天下分け目
の戦い」といわれたが，1日で決着がついた。これ
により，天下の実権をにぎった家康は3年後に征夷
大将軍に任命され，江戸幕府を開いた。③ 参勤交
代は，1635年の武家諸法度で制度化された。
(2) 大名統制の1つとして，江戸幕府は大名の配置
にも気を使った。**親藩**(徳川氏の一族の大名)や**譜代
大名**(関ヶ原の戦い以前から徳川氏にしたがってい
た大名)は江戸の周辺や関東・近畿などの重要地に
配置された。それに対し，**外様大名**(関ヶ原の戦い
前後に徳川氏にしたがった大名)は東北や九州など
の江戸から遠い辺地に配置された。

定期テスト対策

① 大名の配置…親藩・譜代大名は重要地，外様大
　名(**伊達・上杉・前田・毛利・黒田・細川・島
　津氏など**)は辺地に配置。
② 参勤交代の目的…大名に出費をさせて財力をそ
　ぎ，幕府に反抗できないようにするため。

---

2 例 **百姓がおさめる年貢が幕府の財政を支えて
いたから。**

解説 江戸時代には，武士の生活は百姓がおさめる年
貢により支えられていた。確実に年貢をおさめさせ
るために，百姓の衣食住まで統制し，田畑の耕作に
専念させようとしたとされる。

---

3 (1) **ア**　(2) **島原・天草一揆[島原の乱]**
　(3) 例 **キリスト教の信者を見つけ出すための
　　　絵踏を行っている。**
　(4) **長崎**　(5) **朝鮮通信使**
　(6) **琉球(王国)**

解説 (1) **資料Ⅰ**の朱印状は，幕府からあたえられた
渡航許可証である。この朱印状を持った船を朱印船
という。おもに東南アジアの各地で貿易を行い，な
かには現地に日本町をつくってとどまる日本人もい
た。
(2) **島原地方**(長崎県)と**天草地方**(熊本県)のキリシ
タンを中心とする農民が，16歳の天草四郎をかしら
にして半年間，幕府に激しく抵抗したが，幕府の
大軍の前に敗れた。
(3) **絵踏**は，イエスやマリアなどの銅版像(踏絵)を
踏ませる行事。踏まなかったり，踏むのをためらっ
た場合はキリスト教徒とみなされて処罰された。キ
リスト教徒を発見するため，1629年ごろに長崎で

始められた。その後, 九州各地でも行われ, **島原・天草一揆**のあとは特にきびしくなった。

(4) 長崎は, 安土桃山時代以来, 平戸（ひらど）とともに南蛮貿易の貿易港として発展していた。

(5) 秀吉（ひでよし）の朝鮮侵略以来とだえていた朝鮮との国交を, 家康が1607年に対馬藩（つしまはん）の交渉によって回復した。その後, 将軍のかわるたびに朝鮮から使節が送られてきた。これを**朝鮮通信使**といい, 江戸時代を通じて12回送られてきた。

(6) 琉球は, 薩摩藩（さつまはん）と中国にしたがっていたが, 国王や幕府の将軍がかわるたびに使節（謝恩使（しゃおんし）や慶賀使（けいがし））を送ってきた。

定期テスト対策

❶ 鎖国下の外国との交流の窓口については, よく問われるので, 整理しておこう。
- 長崎…出島でオランダ, 唐人屋敷（とうじん）で中国と貿易。
- 対馬藩…朝鮮と貿易。朝鮮通信使が立ち寄る。
- 琉球…薩摩藩と中国にしたがう。使節を送る。
- 蝦夷地（えぞち）…松前藩（まつまえはん）がアイヌの人々を支配。

p.50～51 標準問題の答え

1 (1) 例 おもな都市や鉱山を, 直接支配した。
例 貨幣（かへい）を発行する権限を独占した。
(2) エ
(3) 例 無断で城を修築すること。[新たに城を築くこと。]
(4) 例 参勤交代（さんきんこうたい）の制度により, 江戸（えど）で生活をしたから。
(5) 例 各藩の支出を増やし, 大名の力をおさえるため。

解説 (2) アは分国法（ぶんこく）, イは十七条の憲法, ウは御成敗式目（ごせいばいしきもく）の内容。
(3) 城の修築には許可が必要で, 新築は禁止された。
(4) 江戸での費用は経済的に大きな負担となった。
(5) 大名の経済力を弱める目的があった。

2 (1) 日本町（にほんまち） (2) エ

解説 (1) タイのアユタヤ, カンボジアのプノンペンなどに, 代表的な日本町があった。
(2) 生糸や絹織物などが輸入された。ウについて, 当時の日本は世界有数の銀の産出国だった。

3 (1) エ (2) 例 キリスト教徒への迫害（はくがい）。
(3) 例 キリスト教を布教させないため。

(4) ① 17（世紀～）19（世紀）
② 例 幕府はキリスト教の禁教を徹底するため（貿易を独占するため）, ヨーロッパの国の中でオランダだけに貿易を許し, **出島（でじま）**を唯一の窓口とした。

解説 (1) **島原・天草一揆（しまばら・あまくさいっき）**は1637～38年におこった。この一揆が幕府がポルトガル船の来航を禁止するきっかけとなった。
(2) 島原・天草一揆がおこった当時は, 九州, 特に島原地方や天草地方にキリスト教徒が多く, きびしい取りしまりが行われていた。
(3) ポルトガルは, 貿易と同時にキリスト教の布教を行おうとしていたので, 貿易の統制だけでなく, キリスト教を禁止する目的もあって, 鎖国が実施された。
(4) ① 江戸時代は1603年（17世紀）から1867年（19世紀）まで続いた。② おうぎ形の島とは**出島**のことである。1641年にオランダの商館が平戸（ひらど）から長崎の出島に移され, 以後, オランダとの貿易はこの場所でのみ行われることとなった。

4 (1) ① 対馬藩（つしまはん） ② 松前藩（まつまえはん） ③ 薩摩藩（さつまはん）
(2) ア (3) オランダ

解説 (1) ① **対馬藩**は, 朝鮮（ちょうせん）と日本の中間にあり, **朝鮮との外交**を任されていた。1607年の国交回復後, 朝鮮との貿易を許され, 朝鮮通信使の通り道にもなっていた。② **松前藩**は, 蝦夷地（えぞち）（北海道）の支配を任されていた。③ **琉球**は, 1609年に薩摩藩に征服され, 島津氏の支配下におかれていたが, その一方, **中国にも朝貢（ちょうこう）**を続けていた。しかし, 国王や将軍がかわると使節を江戸に送ってきて, 江戸幕府との交流も続いた。
(2) 蝦夷地南部を支配していた松前藩は, わずかな米でアイヌの人々が生産していた大量の海産物を得るなどの不正な交易を行っていた。これに対し, 1669年にアイヌの人々は**シャクシャイン**を中心にして蜂起したが, 松前藩に敗れた。
(3) ヨーロッパの国の中で**オランダ**のみ鎖国下でも貿易を許されたのは, オランダがプロテスタントの国で, 日本にキリスト教を広めなかったためである。

❼産業の発達と幕府政治の変化

p.54〜55 **基礎問題の答え**

1 (1) 例 農業の効率が上がった。 (2) 蔵屋敷
(3) 五街道

解説 (1) 資料の道具は備中ぐわと唐みである。これらの農具の発明は，農作業の効率を上げるとともに，生産力の向上にもつながった。
(2) 蔵屋敷は，大阪や江戸などにおかれた，幕府や諸藩が年貢米や特産物を貨幣にかえるために保存しておく施設。蔵屋敷の米を管理する蔵元に米や特産物の販売をさせた。大阪では，安治川河口に多くの蔵屋敷が並んでいた。
(3) 五街道は江戸を起点とする主要な5つの街道で，東海道・中山道・甲州道中(街道)，日光道中(街道)，奥州道中(街道)があった。

2 (1) ① c ② ア
(2) 例 木版画の技術が広まったため。
(3) 朱子学 (4) ア，オ

解説 (1) ① 元禄文化は，大商人の多い大阪や京都などの上方で発達した，活気ある町人中心の文化だった。松尾芭蕉は俳諧(俳句)を大成し，「奥の細道」を著した。
(2) 錦絵は多色刷りの浮世絵版画のことで，1765年に鈴木春信が始めてから発達した。木版画の技術が広まり，大量に刷ることができるようになったため，庶民の間で美人画・役者絵・風景画などが人気を集めた。
(3) 徳川綱吉の時代に，儒学の一派である朱子学が幕府の学問として定められた。朱子学は，身分の上下や忠孝などを重んじたため，封建社会の支配には都合がよかった。松平定信の寛政の改革では，幕府

の学問所では朱子学以外の学問の講義を禁止した。
(4) ある教育機関とは寺子屋のことで，町人や百姓の子どもたちに「読み・書き・そろばん」の実用的な知識を教えた。浪人・僧侶・神官・医師などが寺の講堂などに集めて教えたので，寺子屋とよばれた。

3 (1) 寛政の改革 (2) ア

解説 (1) 資料の狂歌にある「白河」とは，寛政の改革を行った白河藩主の松平定信のこと。しかし，この改革があまりにきびしすぎて息がつまりそうになり，「白河(松平定信)があまりにきれいすぎてかえって魚がすみづらく，もとの(わいろが公然と行われていた)にごった田沼(意次の政治)の方がよかった」という皮肉を込めた狂歌である。
(2) 田沼意次は，大商人の経済力を積極的に利用しようとしていた。イは徳川吉宗(享保の改革)の政策。ウは1825年に出された。エは江戸時代初めに家康が奨励した朱印船貿易。

定期テスト対策

❶新しい学問と代表的人物，著書の関係をおさえておこう。
①国学−本居宣長−『古事記伝』
②蘭学−杉田玄白・前野良沢−『解体新書』

---

4 (1) ロシア (2) 異国船打払令 (3) 天保の改革

解説 (1) 大黒屋光太夫は18世紀後半に漂着し，ロシアで生活をしていた。1792年にその大黒屋光太夫らを連れて根室に来航したラクスマンは，幕府に通商を求めたが，幕府は鎖国を理由に断った。
(2) ラクスマンの来航以後，ロシアやイギリスの船がしばしば日本の近海にあらわれるようになったため，幕府は1825年に異国船打払令を出して，日本の沿岸に近づくオランダ・中国船以外の外国船の撃退を命じた。

◀ 得点アップコーチ 元禄文化と化政文化

	元禄文化…上方(京都・大阪など)が中心	化政文化…江戸中心
時 期	17世紀末〜18世紀前半	18世紀末〜19世紀前半
文 学	井原西鶴(浮世草子)…『日本永代蔵』，松尾芭蕉(俳諧)…『奥の細道』，近松門左衛門(人形浄瑠璃などの台本)…『曽根崎心中』	十返舎一九(こっけい本)…『東海道中膝栗毛』，滝沢(曲亭)馬琴…『南総里見八犬伝』，俳諧…与謝蕪村・小林一茶，狂歌や川柳
美 術	装飾画…尾形光琳(俵屋宗達の影響)浮世絵…菱川師宣(「見返り美人図」)開始	錦絵…喜多川歌麿(美人画)・東洲斎写楽(役者絵)・葛飾北斎・歌川広重(風景画)

(3) 天保の改革が行われていたころ(1841〜43年)に，隣国の清でアヘン戦争(1840〜42年)がおこり，イギリスに敗れた清が不平等な南京条約を結ばされたことを知ると，1842年に異国船打払令をゆるめ，外国船に薪・水・食料の補給を許した。

p.56〜57 標準問題の答え

1 (1) 例 農村に貨幣経済が広がったこと。
(2) エ

解説 (1) 売って代価を得るためにつくる作物を**商品作物**といい，資料の紅花のほか，あい，綿，菜種などがあった。これらの作物の生産がさかんになる一方，そのための肥料などを買うための現金が必要になり，農村にも貨幣経済が広がっていった。
(2) 徳川吉宗は，それまで四公六民(4割を年貢としておさめること)だった年貢率を五公五民に引き上げ，また豊作や凶作に関係なく一定の年貢を取り立てるようにした(定免法の採用)ので，一時的に幕府の財政は立ち直った。また，「裁判の基準となる法令集」とは公事方御定書のこと。

2 (1) エ (2) ウ
解説 (1) 生類憐みの令は人々を苦しめた。特に犬を大切にしたので，徳川綱吉は「犬公方」とよばれた。アは徳川吉宗，イは松平定信，ウは田沼意次の政治。
(2) 松尾芭蕉は，『奥の細道』などの紀行文を書いた。

3 (1) 例 田沼意次の政策は，**年貢**による収入に頼るばかりでなく，**商人**の力を利用して収入を増やすものであった。
(2) 例 **旗本や御家人が札差**にしていた借金
(3) 例 田沼意次は，**株仲間の結成を奨励して特権を認めるかわりに税をおさめさせた。水野忠邦は，株仲間を解散して物価を引き下げ**ようとした。

解説 (1) 田沼意次は，大商人の経済力を積極的に利用し，株仲間の奨励，長崎貿易の奨励，印旛沼・手賀沼の干拓などを進めた。
(2) この法令を，棄捐令という。
(3) 田沼意次は，株仲間の結成を奨励して営業を独占するという特権をあたえて税をおさめさせ，幕府の財政収入を増やそうとしたが，わいろが横行した。一方，水野忠邦は，営業を独占していた株仲間を解散させて，自由な取り引きをさせようとしたが，税

収も減り，かえって経済を混乱させた。

4 (1) アヘン戦争
(2) 例 (はじめは)無条件で打ち払っていたが，食料など希望する品をあたえて帰国させることにした。(42字)

解説 (1) 清がアヘンの密輸入を禁止し，清の役人がイギリス商人のアヘンを没収したことがきっかけとなって，1840年にアヘン戦争が始まった。清の帆船は，イギリスの近代的な蒸気船の攻撃に敗れ，不平等な南京条約を結んだ。
(2) 日本が清のように外国に侵略されては困るというので，薪・水・食料をあたえる方針に変わった。

p.58〜61 実力アップ問題の答え

1 (1) 記号…エ
回答…例 農民から武器を取り上げることによって，農民の武力による一揆を防ぐためです。[武士と農民の身分の区別をするためです。]
(2) ア
2 イ
3 (1) イ (2) 徳川吉宗 (3) 株仲間
(4) ウ (5) 大阪
4 (1) ① 堺 ② ウ (2) ウ
5 (1) イエズス会 (2) ウ (3) イ (4) エ
6 (1) 例 原料や材料を**入荷**し，製品を**出荷**している
(2) ウ
7 (1) ① 石高
② 例 年貢となる米づくりに専念させるため。
(2) ① ウ ② 国学
8 ア

解説 **1** (1) bは太閤検地，fは朝鮮侵略についての回答である。質問1のaは信長の楽市・楽座，cは家康，質問2のdは信長，eは家康の政策についての回答。
(2) 紅花は山形県の最上地方の特産物である。
2 関ヶ原の戦いは，現在の岐阜県と滋賀県の県境で行われた。「天下分け目の戦い」といわれたが，

東軍の徳川家康が石田三成を中心とする西軍を破り，天下の実権をにぎった。

3 (1) 狂歌は，和歌の形式で政治や社会のようすを皮肉った文芸。俳句の形式で政治や社会のようすを皮肉ったのが川柳である。

(2) 徳川吉宗は8代将軍で，紀伊藩主だった。

(3) 株仲間は幕府や藩に税をおさめ，独占的権利を得た。

(4) アは天保の改革，イは田沼意次の政治，エは享保の改革の内容。

(5) 「天下の台所」とよばれた大阪は幕府の直轄地だったので，もと幕府の役人だった大塩平八郎が乱をおこしたことは幕府に大きな衝撃をあたえた。

4 (1) 堺は大阪府の南部に位置する。室町時代に勘合貿易の港町として発展した。

(2) 伊能忠敬は，蝦夷地(北海道)から九州まで沿岸部を測量し，正確な日本地図を作成した。

5 (1) 1534年に設立されたカトリックの教団である。イエズスとはイエスのこと。

(2) 1517年にルターが始めた宗教改革でプロテスタントの勢力が強くなり，それに危機をいだいたカトリック側では，ロヨラ，ザビエルなどが中心となってイエズス会をつくり，アジアやアメリカ大陸への布教で勢力を盛り返そうとしていた。

(3) アは1639・41年，イは1637〜38年，ウは1587年。

(4) 2は元禄文化，4は化政文化の説明。1は室町文化，3は桃山文化。

6 (1) 菜種油・しょう油・酒の原材料の菜種・大豆・米が入荷品にある。

(2) 井原西鶴は大阪の町人。『日本永代蔵』などの浮世草子とよばれる小説で，町人の生活をえがいた。

定期テスト対策

❶元禄文化の文学者について整理しよう。

・井原西鶴…浮世草子-『日本永代蔵』
・近松門左衛門…人形浄瑠璃台本-『曽根崎心中』
・松尾芭蕉…俳諧の大成-『奥の細道』

7 (1) ① 石高は，豊臣秀吉の太閤検地で取り入れられた，決められた土地の生産高を玄米の収穫量であらわす方法。例えば，A藩の石高は10万石である，というように使った。② 武士の生活を支えていた年貢のもとになる米の生産を確実にするため，米以外の作物を自由に栽培することを禁止したのである。

(2) ① ウは奈良時代から平安時代前半にかけての交

通や産業のようすについての説明。② 国学は，儒教や仏教の影響を受ける以前の日本人の考え方や日本古来の文化を明らかにしようという学問で，本居宣長が『古事記伝』を完成させて大成した。

8 カードに「朱印状」とあるので，あてはまる船は朱印船である。イは室町時代に倭寇が使っていた船。ウは幕末に日本に来航した黒船(蒸気船)。

4章 近代の日本と世界

❽ 欧米の進出と日本の開国

p.64〜65 **基礎問題の答え**

1 (1) エ (2) ウ
(3) 例 聖職者[僧侶]と貴族が平民を支配していた(16字[15字])
(4) a…産業革命 b…南京 (5) ア

解説 (1) エのロシア革命は1917年におこった。アのアメリカ独立戦争は1775〜83年，イのピューリタン革命は1642〜49年，ウの名誉革命は1688年におこった。

(2) ペリーの浦賀来航は1853年。ウのフランス革命は1789年に始まった市民革命なので誤り。アは1857〜59年，イは1851〜64年，エは1851年。

(3) 革命前のフランスは，国王のもとに聖職者(僧侶)，貴族，平民(農民と市民)の3つの身分があった。聖職者と貴族がさまざまな特権を持って，平民を支配する身分制の社会だった。

(4) 18世紀後半，綿工業から産業革命が始まったイギリスでは，大量の綿製品が生産され，それを売る市場が必要だった。また，原料となる綿花などの原料供給地も必要だった。そのため，イギリスは積極的に海外に進出するようになり，インドや中国など人口が多い国に進出するようになった。1840年に始まったアヘン戦争に勝利したイギリスは，清に関税自主権がなく，領事裁判権をイギリスに認めた不平等な南京条約を結んだ。

(5) イギリスは，中国からの茶の輸入が増えたことで，その代価である銀の流出を防ぐため，本国で生産した綿織物をインドに輸出し，インドから清へアヘンを密輸出させて，さらにその利益(銀)をインド

経由でイギリスに流入させた。これが**三角貿易**のおおよそのしくみだった。

2 (1)① エ　② 日米和親条約(にちべいわしんじょうやく)　③ 下田(しもだ)，函館(はこだて)
(2)① イ　② 生糸

解説 (1)① 浦賀は神奈川県の三浦半島(みうら)にある。② 幕府(ばく)は，1854年に再来航したペリーと日米和親条約を結び，開港することとなった。③ 下田と函館の2港を開くことになった。下田は，日米修好通商条約(にちべいしゅうこうつうしょうじょうやく)が結ばれると閉港となった。
(2)① 横浜港(よこはま)は開港後の貿易の中心となり，幕末の貿易の80%を占めた。5港のうち，最も江戸(えど)に近かったことがその大きな要因であると考えられる。② 開港直後の輸出品の中心となったのは生糸と茶だった。

定期テスト対策

❶日米和親条約と日米修好通商条約の内容については，表などにしておさえておこう。
①日米和親条約(1854年)…幕府がペリーと結ぶ。開港地－下田・函館。アメリカ船に燃料・水・食料を供給。
②日米修好通商条約(1858年)…幕府の大老井伊(たいろうい)直弼(なおすけ)が総領事ハリスと結ぶ。開港地－函館・新潟・神奈川(横浜)・兵庫(神戸)(こうべ)・長崎。不平等な点－日本に関税自主権がない，日本が領事裁判権を認めた。

---

3 (1) エ→イ→ウ→ア
(2) 薩摩藩(さつまはん)，長州藩(ちょうしゅう)(順不同)

解説 (1) アは1864年，イは1858年，ウは1860年，エは1853年である。
(2) 薩長同盟についてのカルタ。薩摩藩(鹿児島県)(かごしま)と長州藩(山口県)が同盟を結んだことで，倒幕勢力(とうばく)が結集された。

---

p.66〜67　標準問題の答え

1 (1) ウ　(2) ア　(3) 蒸気機関
(4)① 産業革命
② 例 Yは近代的な蒸気船だから。

解説 (1) アのマグナ＝カルタは，1215年にイギリスで定められた，国王の権限を制限する法。
(2) アは1776〜83年，イは13世紀，ウは1917年，エは7世紀初めのできごとなので，江戸時代の世界情勢として正しいのはアのアメリカの独立である。

---

(3) 1769年，イギリスの**ワット**が蒸気機関を改良した。これによって**産業革命**が大きく進展し，19世紀には蒸気機関を使った交通機関の革命が始まった。
(4)① 18世紀後半，イギリスで綿工業から産業革命が始まった。やがて蒸気機関は船にも応用され，汽船が発明された。② アヘン戦争が始まった1840年は，産業革命から約半世紀がたち，**蒸気機関を使った船もつくられるようになった時代**である。この強力な近代的な軍艦の前に，まだ帆船中心の清の軍は敗れる結果となった。1853年に浦賀(うらが)に来航したペリー率いる黒船も，蒸気機関による軍艦だった。

定期テスト対策

市民革命と宣言
・イギリス…名誉革命(めいよ)－権利章典(けんりしょうてん)(1689年)
・アメリカ…アメリカ独立戦争－独立宣言(1776年)
・フランス…フランス革命－人権宣言(1789年)

---

2 第4条…例 日本に関税自主権(かんぜいじしゅけん)がない。
第6条…例 アメリカに領事裁判権(りょうじさいばんけん)を認めた。

解説 関税自主権がないとは，貿易品にかける関税率を，日本が決める権利がないこと。領事裁判権を認めるとは，日本で犯罪を犯した外国人を日本の法律で裁くことができないことを意味している。

---

3 (1) イ
(2) 例 アメリカ国内で南北戦争がおこり，日本との貿易ができなかったから。
(3) ウ

解説 (1) 日米修好通商条約(にちべいしゅうこうつうしょうじょうやく)での開港地のうち，函館(はこだて)を除き，最も早く開港したのは横浜(よこはま)と長崎である。特に横浜港は，江戸に近かったこともあり，幕末の貿易の中心地となった。
(2) 1861年からアメリカでは南北の経済事情のちがいから南北戦争が始まり，日本との貿易どころではなかった。そのため，日本の最大の貿易相手国はイギリスとなった。
(3) 金の海外流出を防ぐため，幕府は金の含有率(がんゆうりつ)の低い粗悪(そあく)な貨幣(かへい)をつくった。このため物価は急上昇し，不安定となった。

---

4 (1) 藩名(はん)…長州藩(ちょうしゅう)　記号…ウ　(2) ウ

解説 (1) 写真は，長州藩(山口県)の下関砲台(しものせきほうだい)が，アメリカ・イギリス・フランス・オランダの四国連合

艦隊に占拠された場面である。この結果，長州藩は攘夷の不可能を知り，**高杉晋作・木戸孝允**らの中・下級武士が藩の実権をにぎるようになって藩論を倒幕へと転換していった。

(2) 薩長同盟の仲介をしたのは土佐藩の**坂本龍馬**と**中岡慎太郎**。

定期テスト対策

攘夷から倒幕へ

・薩摩藩…生麦事件→薩英戦争(1863年)

＊西郷隆盛・大久保利通中心。

・長州藩…外国船砲撃→四国連合艦隊の下関砲台占拠(1864年)

＊高杉晋作・木戸孝允中心

---

❾ 明治維新と文明開化

p.70〜71 **基礎問題の答え**

1 (1) **五箇条の御誓文**

(2) ① a…**版籍奉還**　b…**富国強兵**

② 例 **国の歳入[財源]を安定させるため。**

(3) **廃藩置県**

(4) 例 **官営工場を設立するなど，近代産業を育成する政策。**

(5) **学制**

解説 (1) 五箇条の御誓文は，戊辰戦争中の1868年3月，明治天皇が神に誓うという形で出され，新政府の政治の基本方針を示した。

(2) ① a の「版籍奉還」は，藩の土地(版)と人民(籍)を朝廷に返させた政策だったが，旧藩主との封建的な関係が残されていた。これを解消し，天皇を中心

とする中央集権国家の基礎を確立させるため，**廃藩置県**を実施した。b の「**富国強兵**」は，明治初期の国家目標。このスローガンのもと，**学制，地租改正，徴兵令**などの政策が進められた。欧米の先進国に追いつくには，経済を発展させ，強力な軍隊を持つことが必要であり，その基礎となるのが国民の教育だと考えられた。② 江戸時代までの年貢の納入では，収入が不安定だったので，土地所有者に地租として地価の3％を現金でおさめさせることとした(1877年に2.5％に軽減)。これにより，政府の税収入は安定した。

(3) 廃藩置県は，藩を廃止して府県をおき，中央から府知事や県令を派遣して地方の政治にあたらせた政策。

(4) 殖産興業の政策により，近代産業を育てようという考えのもと，官営工場などが建てられ，政府が工場や鉱山などを直接経営することとなった。その代表が，問題の絵の**富岡製糸場**である。

(5) 学制により**6歳以上のすべての男女は小学校教育を受けることとなった**が，当初は働き手をとられることや授業料の高さなどから就学率は低く，学制反対の一揆もおこった。

2 (1) **文明開化** (2) **エ** (3) **福沢諭吉**

解説 (1) 文明開化は都市部が中心で，農村部にはおよばなかった。

(2) 太陽暦の採用により，明治5(1872)年12月3日を明治6(1873)年1月1日とした。同時に1日24時間制や七曜制も採用された。

(3) 福沢諭吉は，長崎や大阪で蘭学を学び，江戸に出て英語を学んだ。幕府の使節にしたがって欧米に渡り，見聞を広めた。明治維新前に慶応義塾をつくった。明治維新後に出版した『学問のすゝめ』で学

◀ **得点アップコーチ** 同時代の世界と日本

610	このころイスラム教がおこる	607	法隆寺の建立
1096	第1回十字軍	1086	院政の開始
1271	元の成立	1274	文永の役（元寇）
1492	コロンブスの西インド諸島到達	1488	加賀の一向一揆
1517	ルターの宗教改革	1549	キリスト教伝来
1642	ピューリタン革命	1641	鎖国完成
1688	名誉革命	1687	生類憐みの令

1775	アメリカ独立戦争	1774	『解体新書』出版
1789	フランス革命	1787	寛政の改革
1840	アヘン戦争	1841	天保の改革
1851	太平天国の乱	1853	ペリー来航
1861	アメリカ南北戦争	1860	桜田門外の変
1917	ロシア革命	1918	米騒動
1929	世界恐慌	1931	満州事変
1973	第四次中東戦争	1973	石油危機
1989	冷戦終結	1989	昭和天皇死去

間の大切さや人間の平等などについて説いた。

3 (1) イ (2) ウ (3) 富岡

解説 (1) **岩倉使節団**は，**岩倉具視**を団長にして，1871年に出発して1873年に帰国したので，**イ**の西南戦争後に出発したという記述は誤りである。
(2) 岩倉使節団には，団長の**岩倉具視**以下，**大久保利通**，**木戸孝允**，**伊藤博文**などのほか，留学生として**中江兆民**や**津田梅子**なども加わっていた。参加せず日本に残った西郷隆盛は国内改革に専念していたが，**征韓論**問題が浮上し，大久保らが帰国すると，その論争に敗れて政府を去り，のちに**西南戦争**を引きおこすこととなる。
(3) 富岡製糸場は，群馬県に建てられた。フランスから指導者を招き，工女に士族の娘を採用するなど，殖産興業のモデルとなった。

p.72～73 標準問題の答え

1 (1) イ，ウ (2) **富国強兵**

解説 (1) **資料Ⅰ**は「土地の価格」「課税」から地租改正条例，**資料Ⅱ**は「学校」から学制，**資料Ⅲ**は「海軍と陸軍」「20歳になったものすべてを兵」から徴兵令と判断できる。**ア**は，**資料Ⅰ**には凶作でも減税しないとあり，官営工場にもふれていないので誤り。**エ**は「小・中学校」が誤り。「小学校」が正しい。
(2) 富国強兵とは，「国を富ませ，強力な兵(軍隊)をつくる」という意味のスローガン。

2 (1) 囫 土地の所有者が，地価の3％を現金でおさめた。
(2) 証書名…地券
変更点…囫 地租を地価の3％から2.5％に引き下げた。

解説 (1) 地価の3％を現金でおさめさせた(金納。のち2.5％に引き下げ)ので，政府の税収入は安定するようになった。
(2) 地租改正前に比べて小作人の負担は減らず，地租改正反対一揆もおきたため，1877年，地租が地価の3％から2.5％に軽減された。

定期テスト対策

①地租改正は，「地価」「3％」「現金」。
②地租改正の目的もよく問われるので，なぜ現金でおさめさせたのかを確認しておこう。

3 (1) ウ (2) b (3) ア

解説 (1) 資料は，岩倉使節団の主要メンバー5人の写真である。中央のいすに座っている，羽織袴でまげを結った人物が団長の岩倉具視である。そのほかの人物は，向かって右から大久保利通，伊藤博文，山口尚芳(帰国後は会計検査院の初代院長などをつとめた)，木戸孝允である。この使節団は，本来の目的であった不平等条約改正の下交渉には失敗したが，欧米の進んだ制度や産業などを見聞し，内政の充実と政治制度の整備の必要性を痛感して帰国した。
(2) **江華島事件**は，日本が朝鮮沿岸を測量するため軍艦を派遣して圧力をかけたため，朝鮮の江華島砲台との間で砲撃戦となったできごと。江華島は，現在の韓国の首都ソウルに近いところに位置している。
(3) 7歳の**津田梅子**は，岩倉使節団がアメリカに渡るときに留学生として同行した。

4 (1) 鉄道[蒸気機関車]，人力車
(2) 囫 洋服を着る人が見られるようになった。
(3) 殖産興業 (4) 太陽暦

解説 (1) 1872年，新橋(東京)～横浜間で最初の鉄道

◀ **得点アップコーチ** 自由民権運動の歩みと政府の対応

年度	民間・政党の動き	政府の動き
1874(明治7)年	民撰議院設立の建白書の提出，立志社創立	
1875(明治8)年	大阪で愛国社成立	元老院設置，新聞紙条例制定
1880(明治13)年	国会期成同盟創立	集会条例制定
1881(明治14)年	自由党結成(板垣退助)	国会開設の勅諭(詔)，開拓使施設払い下げ事件，伊藤博文ら憲法調査に渡欧
1882(明治15)年	立憲改進党結成(大隈重信)，福島事件	
1884(明治17)年	自由党解散，秩父事件	華族令制定
1885(明治18)年		内閣制度設置

が開通し，陸蒸気といわれて人気をよんだ。また，人力車は，1870年に明治政府の許可を受けてから普及した。

(2) 大都市では，男女とも洋装がしだいに普及した。

(3) 殖産興業とは，明治政府が欧米列強に追いつくため，近代国家の建設をめざしてかかげたスローガン。

(4) 農村や漁村などでは，旧暦による生活行事とのかかわりが強く，太陽暦への移行には時間がかかった。

⑩近代国家への歩み

p.76～77 基礎問題の答え

1 (1) b
(2) 例 武力による抵抗にかわって，言論による政府への批判が中心となり(30字)

解説 (1) 西郷隆盛は，1873年の征韓論をめぐる争いに敗れ，故郷の鹿児島に帰っていた。1877年，鹿児島の士族らにおされる形で西南戦争をおこし，敗れて自害した。

(2) 西南戦争は最大で最後の不平士族の反乱であった。西南戦争が政府軍によって鎮圧されてからは，言論による政府批判が中心となり，自由民権運動がしだいに全国に広まっていった。

2 (1) 自由民権運動 (2) 立憲改進党
(3) ドイツ[プロイセン，プロシア]

解説 (1) 自由民権運動は，Aの板垣退助らが政府に提出した民撰議院設立の建白書がきっかけとなって広まっていった。

(2) Bの大隈重信は，政府内で早期の国会開設を主張して伊藤博文らと対立し，政府を追われた。1881年に国会開設の勅諭(詔)が出されると，その翌年，イギリス流の議会政治を主張する立憲改進党を結成した。

(3) Cの伊藤博文は，国会開設の勅諭が出されると，ヨーロッパに渡り，憲法を研究した。天皇主権の憲法をめざす伊藤博文は，君主権(君主の権限)の強いドイツ(プロイセン)の憲法を参考にして，帰国後，憲法草案を作成した。

3 (1) ① フランス ② イ (2) エ

解説 (1) ① 資料の人権宣言は，1789年のフランス革命がおこると，ただちに国民議会が発表した。自由・平等，国民主権などが明文化されている。明治維新後の日本にも紹介されて，特に自由民権運動に大きな影響をあたえた。② イの「国権の最高機関」は国会であると位置づけたのは日本国憲法。大日本帝国憲法では，天皇が国の元首として統治するとされたので，誤り。

(2) 大日本帝国憲法が発布されたのは1889年で，その翌年には初めての衆議院議員総選挙が行われ，第1回帝国議会が開かれた。

4 ア，衆議院

解説 帝国議会は，皇族・華族の代表，天皇が任命した者(勅撰議員)，多額納税者などからなる貴族院と，一部の国民の選挙で選ばれた議員で構成される衆議院からなる二院制だった。衆議院議員を選挙できる資格を持っていたのは，国税15円以上をおさめる満25歳以上の男子に限られていた。

p.78～79 標準問題の答え

1 (1) 例 国民が選んだ議員でつくる国会
(2) 民撰議院設立の建白書

解説 (1) 板垣退助らは，憲法を制定し，選挙で選ばれた議員で構成される国会を開いて，国民を政治に参加させよという要求を政府に提出した。

(2) 民撰議院設立の建白書の提出が自由民権運動の口火となり，この運動は全国に広がっていった。

2 (1) ア，エ (2) 自由民権

解説 (1) 資料Ⅰと Ⅱは，民衆の側からの動きを示している。資料Ⅲの大日本帝国憲法は，上からあたえられた欽定憲法である。イの国会開設への動きは，1874年の民撰議院設立の建白書の提出に始まるので誤り。ウについて，アジア初の憲法は，1876年のオスマン帝国(トルコ)の憲法なので誤り。また，資料Ⅱのような民間の憲法案は，大日本帝国憲法にはほとんど影響をあたえることができなかった。

(2) 明治初期の，政府に民主的な改革を求める運動を自由民権運動という。

3 (1) 例 君主権が強いという特徴。[君主の権限が強いという特徴。]
(2) 例 大日本帝国憲法では主権は天皇にあるが，日本国憲法では国民にある。

解説 (1)大日本帝国憲法は，君主権の強いドイツ（プロイセン）の憲法を参考に作成された。
(2)大日本帝国憲法と日本国憲法の最大のちがいは，天皇主権か国民主権か，という点である。

4 (1)ウ→ア→イ　(2)伊藤博文（いとうひろぶみ）
　(3)例 軍隊を統率する権限。[条約を結ぶ権限。憲法を改正する権限。]

解説 (1)アは1885年，イは1890年，ウは1881年。
(2)長州藩出身の伊藤博文は，大久保利通が暗殺（ちょうしゅうはん）（おおくぼとしみち）されたあと政府の中心となり，国会開設の勅諭，内閣制度の創設，憲法制定などを行った。
(3)天皇に属するこれらの権限を，天皇大権（てんのうたいけん）という。特に陸海軍の統帥権（とうすいけん）はおぼえておこう。

5 エ→ア→ウ→イ

解説 アは1877年，イは1885年，ウは1881・82年，エは1871〜73年のできごと。

⑪ 日清・日露戦争と近代産業

p.82〜83　基礎問題の答え

1 (1)ウ　(2)地域…イ　名称…遼東半島（りょうとう（リアオトン））
　(3)例 （諸外国に対して）領事裁判権を認めていたこと。（りょうじさいばんけん）

解説 (1)樋口一葉（ひぐちいちよう）は『たけくらべ』『にごりえ』などの短編小説で知られる女性小説家。
(2)遼東半島は黄海に突き出た半島で，地図中のイ。（こうかい）この地域への進出を考えていたロシアはフランスとドイツをさそって，その返還を日本に要求してきた。（へんかん）まだこれらの国に対抗する力のなかった日本は，この三国干渉にしたがい，清に返還したが，国内では（さんごくかんしょう）ロシアへの反感が強まった。
(3)ノルマントン号事件は，1886年にイギリス船が和歌山県沖で沈没した際，イギリス人の乗組員は全（おき）（ちんぼつ）員ボートで逃れたが，日本人乗客は全員死亡した事件。イギリス領事による裁判で船長が無罪（再審で軽罪）とされると，国民の間に条約改正の声が高まった。

2 (1)a…イ　b…エ　(2)イ

解説 (1)日清戦争の講和条約である下関条約で，日（にっしん）（しものせき）本は清からイの遼東半島，エの台湾などをゆずられ，（りょうとう）（たいわん）

多額の賠償金も獲得した。なお，澎湖諸島は台湾の（ばいしょうきん）（かくとく）（ポンフー）西方に位置する。
(2)ロシアは，日本に遼東半島をうばわれれば，満（まん）州への進出が難しくなると考えたのである。（しゅう）

3 (1)エ　(2)ア　(3)孫文（そんぶん）（スンウェン）

解説 (1)地図の「韓国」「日本海海戦」から，日露戦（にちろ）争と判断できる。朝鮮は，1897年に「大韓帝国（韓（ちょうせん）（だいかんていこく）国）」と国名を改めていた。ウの三国干渉は，日清戦争後のことなので誤り。
(2)日露戦争後，韓国における優越権を得た日本は，1910年，植民地とした（韓国併合）。そのきっかけ（かんこくへいごう）となったのは，前年にハルビンで伊藤博文が韓国の（いとうひろぶみ）独立運動家安重根に射殺されたことであった。（あんじゅうこん）（アンジュングン）
(3)孫文は「中国革命の父」とよばれる。三民主義を唱え，中華民国の臨時大総統となった。（ちゅうかみんこく）（だいそうとう）

4 (1)名称…八幡製鉄所　位置…A　(2)イ（やはた）

解説 (1)官営の八幡製鉄所は，日清戦争で獲得した賠償金の一部を使って現在の北九州市に建てられ，（きたきゅうしゅう）1901年から操業を開始した。鉄鋼の自給をめざし，重工業における産業革命の中心となった。
(2)野口英世は，研究中に黄熱病で死去した。（のぐちひでよ）（おうねつびょう）

p.84〜85　標準問題の答え

1 (1)ウ　(2)関税自主権（かんぜいじしゅけん）

解説 (1)クリミア半島や東アジアで南下政策をとるロシアに対して共通の利害関係を持つイギリスと日（りがい）本は，1902年に日英同盟を結び，ロシアに対抗した。（にちえい）
(2)1911年，小村寿太郎外相がアメリカとの間で関（こむらじゅたろう）税自主権の回復に成功し，不平等条約改正を達成した。

2 (1)例 （下関条約で）日本が獲得した遼東半島（しものせき）（かくとく）（りょうとう）を，清に返還すること。（27字）（へんかん）
　(2)例 （ロシアは，）義和団事件のあとも満州に（ぎわだん）（まんしゅう）軍隊をとどめた。
　(3)例 欧米諸国や日本などの列強が，中国を（れっきょう）侵略するようすをあらわしている。（しんりゃく）

解説 (1)三国干渉のことである。これ以後，日本国（さんごくかんしょう）内ではロシアへの反感が高まった。
(2)義和団事件後も満州に軍隊をおいて朝鮮進出を（ちょうせん）ねらっていたため，日本と対立するようになった。
(3)日清戦争後，列強はきそって清に進出し，重要

22

地を租借(一定期間，外国の土地を借り受けること)
したり，鉄道を敷いたりして，中国の分割を進めた。

3 例 工業の発達により綿糸の大量生産が可能に
なったために，綿糸の国内生産量が輸入量を
上回った。

解説 日本の工業の発達は，製糸・紡績業などの軽工
業の分野から発達し，1890年代には綿糸の国内生
産量が輸入量を上回った。

4 (1) イ (2) ウ (3) エ (4) ア
解説 (1) 樋口一葉の解説。現在の5000円札の肖像に
なっているので，写真は見たことがあるだろう。
(2) 森鷗外の解説。文学者として名高いが，軍医と
しても高い地位にのぼった。
(3) 夏目漱石の解説。イギリスからの帰国後は，東
京帝国大学や朝日新聞社につとめた。
(4) 与謝野晶子の解説。夫の与謝野鉄幹とともに，
雑誌『明星』を主催した。

5 (1) 三民主義 (2) ウ→イ→ア→エ
解説 (1) 孫文の唱える三民主義とは，民族主義，民
権主義，民生主義をいう。
(2) アは1904年，イは1902年，ウは1900年，エは
1910年のできごと。

p.86～89 実力アップ問題の答え

1 (1) ① ウ ② エ (2) イ (3) ア
2 (1) ① ア，ウ
② 例 満20歳以上の男子に兵役を義務
づけた。
③ 例 領事裁判権が撤廃された。

(2) ① エ→イ→ウ→ア ② イ
(3) ウ，エ
3 綿糸
4 (1) 学問のすゝめ
(2) A…エ B…ウ C…イ
5 (1) 例 石炭を鉄道で運びやすく，港が近い
ので中国からの鉄鉱石も輸入しやすい
(33字)
(2) ア
6 (1) イ (2) イ
(3) 例 1890年には綿糸を輸入していたが，
1900年には綿花を輸入し，綿糸を大量
に輸出できるようになった。

7 エ

解説 1 (1) ① 日米修好通商条約は，1858年に大老
井伊直弼とアメリカ総領事ハリスとの間で結ばれた。
5港を開き，アメリカと自由な貿易を行うことが決
められた。年表のAは日米和親条約。Ⅱは日米和親
条約の内容。② 咸臨丸は勝海舟を艦長として初め
て日本人だけで太平洋を航海した。この船には，福
沢諭吉が乗っていた。
(2) 内閣制度の創設が1885年，下関条約の調印が
1895年，韓国統監府の設置は1905年。
(3) ポーツマス条約でロシアから樺太(サハリン)の
南半分を獲得したが，賠償金は得られなかった。イ
は下関条約，ウは樺太・千島交換条約。エは1871
年鹿児島県に編入。翌年琉球藩，79年沖縄県とな
った。
2 (1) ① イの神奈川とエの長崎は日米修好通商条約
による開港地。② 徴兵令の実施により，近代的な

◀ 得点アップコーチ 日清戦争と日露戦争

	日清戦争	日露戦争
時 期	1894～95年	1904～05年
背景・きっかけ	朝鮮をめぐる対立→甲午農民戦争がきっかけ	満州・韓国をめぐるロシアとの対立
講和会議	下関条約 (全権：伊藤博文と陸奥宗光)	ポーツマス条約 (全権：小村寿太郎)
講和条約	・清は朝鮮の独立を認める ・清は遼東半島・台湾などを日本に譲る ・清は賠償金2億両 (約3億1千万円) を支払う	・ロシアは日本の韓国での優越権を認める ・ロシアは樺太南部を日本に譲る ・賠償金は得られず (→日比谷焼き打ち事件)
結 果	三国干渉があり，ロシアへの反感高まる	日本の国際的地位が上がる

軍隊制度が整備された。③ 1894年の日清戦争開始直前にイギリスとの間で**日英通商航海条約**が結ばれ、領事裁判権の撤廃と関税自主権の一部回復が実現。

(2) ① アは1885年、イは1877年、ウは1881年、エは1874年。② イの八幡製鉄所の建設は1897年に開始され、1901年に操業開始。

(3) ウは1895年、エは1902年で、Bの期間のできごとである。アの中華民国成立は1912年、イの江華島事件は1875年。

3 bは、日清戦争前後に輸出が増え始めるので綿糸。aは明治時代初期から輸出されていた生糸。cは第一次世界大戦中に輸出が増加する船舶。dは茶。

4 (1) 冒頭の「天は人の上に人を造らず、人の下に人を造らずといへり」から、人間の平等を説いた**福沢諭吉**の『**学問のすゝめ**』と判断できる。

(2) アは1907年、イは1890年、ウは1886年、エは1872年。

5 (1) 八幡製鉄所の近くには筑豊炭田があり、鉄鉱石を中国から輸入するのにも都合のいい場所だった。

(2) 八幡製鉄所は1901年に操業を開始した。このころ、キリスト教徒の**内村鑑三**は非戦論を唱えた。

6 (1) アは収穫高ではなく地価が正しい。ウは飛脚制度ではなく郵便制度が正しい。

(2) 伊藤博文が参考にしたドイツ（プロイセン）の憲法は、**君主権（君主の権限）が強く、天皇主権をめざす日本には都合のいい憲法**だった。

(3) 綿糸は、1890年代におこった軽工業での産業革命により、輸入品から輸出品へと変わった。

7 dの台湾は日清戦争の講和条約である下関条約で獲得し、第二次世界大戦終結まで日本の領土だった。aの**樺太**南部はポーツマス条約で獲得した。bの**朝鮮（韓国）**は清も独立を認めた。cは日清戦争後の三国干渉により清に返還した**遼東半島**。

5章 2度の世界大戦と日本

⑫ 第一次世界大戦と日本

p.92〜93 基礎問題の答え

1 (1) ア

(2) ① 例 **戦車などの新兵器を使った戦争とな**

った。また、女性も兵器工場で働くなど、国民全体を動員する総力戦となった。

② ウ

(3) できごと…シベリア出兵　県名…富山

(4) ガンディー

解説 (1) 第一次世界大戦は、サラエボでオーストリア皇太子夫妻がセルビアの青年に暗殺される**サラエボ事件**がきっかけで始まった。

(2) ① 戦車以外にも、飛行機・潜水艦・毒ガスなどの新兵器が登場した。また、国力・国民のすべてを戦争に運用する総力戦となり、女性も兵器工場などで働いた。② ウのアメリカは、国際連盟提案国であったにもかかわらず、議会の反対で参加しなかった。

(3) シベリア出兵はロシア革命への干渉戦争で、これを見越した米商人が米を買い占めたため、米の値段が急騰した。そのため富山県の漁村の主婦が米の安売りを求める運動をおこし、これが報道されるとたちまち全国に広がった。

(4) ガンディーは、インドの糸車で自ら糸をつむぎ、イギリスの機械や製品を使わないようよびかけた。

2 (1) 好景気

(2) 例 **物価の上昇に賃金の上昇が追いつかず、労働者の生活は苦しかった。**

解説 (1) 第一次世界大戦が始まると、欧米諸国の輸出がとだえるようになったため、**日本は同じ連合国に軍需品を輸出し、さらにアジアやアフリカに市場を広げた**。これにより、**日本は「大戦景気」とよばれる好景気**となった。

(2) 好景気により物価が上昇したにもかかわらず、賃金はそれほど上がらなかった。

3 (1) ① 吉野作造　② 原敬

③ 例 内閣の大臣の大部分が、衆議院の第一党である立憲政友会に所属していたから。[外務・陸軍・海軍大臣以外の閣僚は、立憲政友会の党員で組織されていたから。]

(2) 例 満25歳以上のすべての男子

(3) イ→ウ→ア　(4) a…イ　b…エ

解説 (1) ① 大正デモクラシーの理論的指導者となった。② 原敬は「平民宰相」とよばれたが、普通選

挙実現には消極的だった。③ 外務・陸軍・海軍大
臣以外は**立憲政友会**の党員で占められたため，初め
ての本格的な政党内閣が実現した。
(2) それまでの納税額による制限が撤廃された。
(3) **ア**は1925年，**イ**は1912〜13年，**ウ**は1918年。
(4) **平塚らいてう**は，雑誌『**青鞜**』の創刊号で「元
始，女性は実に太陽であった」と宣言した。

1 (1) **イ**
　(2) 例 第一次世界大戦がおこると，工業生産
　　額が増加し，好景気をむかえた。
　(3) **シベリア出兵**　(4) **ア**

解説 (1) **バルカン半島**はヨーロッパの南東部。
(2)「**大戦景気**」とよばれた。
(3) 社会主義革命が自国におよぶことをおそれたア
メリカやイギリス，フランス，日本などがシベリア
に出兵し，反革命派を支援した。
(4) **ア**の**民族自決**を提案したのはアメリカの**ウィル
ソン**大統領。レーニン率いるロシアは不参加だった。

2 (1) **イ**　(2) **ウ**

解説 (1) **ア**は孫文，**ウ**はレーニン，**エ**はフランクリ
ン＝ローズベルトの説明。
(2) **五・四運動**は，1919年5月4日，パリ講和会議
で二十一か条の要求の取り消しが拒否されたことを
きっかけに，北京の大学生が始めた抗議運動。ベル
サイユ条約の調印拒否をさけび，中国全土に広がっ
た。

❶アジアの民族運動は国ごとに整理しておこう。
・中国…**二十一か条の要求→五・四運動。**
・朝鮮…**韓国併合→三・一独立運動。**
・インド…イギリスの植民地化→**ガンディー**の非
　暴力・不服従の反英運動。

3 (1) ① **日本**　② **中華民国**
　(2) 例 納税額による選挙権の制限がなくなっ
　　たから。
　(3) **ウ**　(4) **全国水平社**　(5) **エ**　(6) **エ**

解説 (1) 1915年，日本の**大隈重信**内閣は，政情不安
定な中華民国の**袁世凱**政権に対し，二十一か条の要
求を突きつけ，大部分を認めさせた。
(2) それまでの納税額による制限がなくなり，有権
者は約4倍となったが，**女性にはまだ選挙権があた
えられなかった**。
(4) **全国水平社**の結成で，被差別部落の人々は自ら
の手で解放運動を進めた。
(5) 初めての**メーデー**が1920年5月2日に東京の上
野公園で行われた（本来のメーデーは5月1日）。
(6) **ア**は昭和時代（第二次世界大戦後），**イ**は明治時
代（文明開化），**ウ**は江戸時代のようす。

⑬ 世界恐慌と日本の中国侵略

1 (1) 国…a　文…Y　(2) **エ**
　(3) **ブロック経済**(政策)

◀ **得点アップコーチ** テストにでる内閣総理大臣

名前	生没年	総理大臣になった年	おもなことがら
伊藤博文	1841〜1909	1885, 1892, 1898, 1900	初代の総理大臣。初代の韓国統監
大隈重信	1838〜1922	1898, 1914	中国に二十一か条の要求を出す
桂 太郎	1847〜1913	1901, 1908, 1912	日英同盟・日露戦争・韓国併合
原 敬	1856〜1921	1918	最初の本格的な政党内閣を組織
加藤高明	1860〜1926	1924, 1925	普通選挙法・治安維持法
犬養 毅	1855〜1932	1931	護憲運動。五・一五事件で暗殺
東条英機	1884〜1948	1941	陸軍軍人。太平洋戦争を始める
吉田 茂	1878〜1967	1946, 1948, 1949, 1952, 1953	サンフランシスコ平和条約を結ぶ

解説 (1) a国はソ連(ソビエト連邦)で，**社会主義経済のため恐慌の影響を受けなかった**。また，1928年から第一次五か年計画を実施し，工業化と農業の集団化を進めていた。グラフのb国はアメリカ。また，**X**はアメリカ，**Y**はソ連，**Z**は日本のよう。

(2) 日本では，第一次世界大戦後の不況ののち，**関東大震災**の打撃，金融恐慌と続いていたところに世界恐慌の影響を受けて，経済的な混乱が続いた。これが，日本の満州進出の背景となった。

(3) ブロック経済政策は，国際協調よりも自国の経済回復を優先させるものであり，国家間の対立が高まった。

2 影響…例**輸出額が減少した。**
理由…例**おもな輸出国であるアメリカが不況[不景気]になったから。**

解説 資料から，日本の生糸の輸出相手国に占めるアメリカの割合が非常に大きかったことがわかる。

3 (1) **満州事変**
(2) 例**満州の占領地から軍隊を引き上げること。**
(3) ① **二・二六事件** ② **ア**

解説 (1) 満州は，中国の東北一帯をさすよび名。資料は，日本が国際連盟からの脱退を表明したときの新聞記事。1931年の**柳条湖**事件から始まった満州事変は，日本軍の侵略行為と国際連盟が断定した。
(2) 1932年に建国された**満州国**では，清の最後の皇帝**溥儀**が元首とされたが，実権は日本軍がにぎった。
(3) ① 一時，東京の都心を占拠した。② **ア**は1938年，**イ**は1925年，**ウ**は1923年，**エ**は1875年。

定期テスト対策

❶2つの事件を混同しないように注意しよう。
・五・一五事件…1932年5月15日。**海軍**の青年将校中心。**犬養毅**首相を暗殺。
・二・二六事件…1936年2月26日。**陸軍**の青年将校中心。

---

p.100～101　標準問題の答え

1 (1) ソ連
(2) 満州事変
(3) ① 例**公共事業を実施して失業者を救済し**（16字）
② **イ**

---

(4) 例**本国と植民地との関係を密接にして貿易を拡大する一方，それ以外の外国の商品に対する関税を高くすること。**

解説 (1) ソ連は社会主義国で，計画経済を行っていたため，世界恐慌の影響を受けなかった。
(2) 満州事変以降，軍需産業の成長や満州国への輸出が伸びたことで，日本は恐慌から脱していった。
(3) ① 大規模な公共事業で失業者を救済し，国民の購買力を高めようとした。② **ア**は奴隷解放宣言を発表した。**ウ**は国際連盟の提唱者。**エ**は日露戦争の講和を仲介した。
(4) 多くの植民地を持つイギリスやフランスの政策。

2 **ウ→ア→イ**

解説 **ア**は五・一五事件で1932年。**イ**は二・二六事件で1936年。**ウ**はわが国で本格的な政党内閣が実現した**原敬**内閣の成立で1918年。

3 (1) 例**日本は国際連盟を脱退し，国際的に孤立することとなった。**
(2) **エ** (3) **エ**
(4) 例**軍部の政治的発言力が強まった。**
(5) **国家総動員法**

解説 (1) 国際連盟脱退ののち，しだいにドイツ・イタリアのファシズム国家に近づくことになった。
(2) 1932年の五・一五事件で海軍将校らに暗殺された。**ア**は浜口雄幸，**イ**は原敬，**ウ**は加藤高明内閣。
(3) 政党政治が中断し，軍人や官僚などによる内閣がつくられるようになった。
(4) 二・二六事件の結果，軍部の発言力が強まっていき，議会は無力化していった。
(5) 戦時体制の一環として制定された。

定期テスト対策

・明治以降のおもな首相について整理しておこう。
・明治以降のおもな法律・条約をまとめよう。

⓮ 第二次世界大戦とアジア

p.104～105　基礎問題の答え

1 (1) **X**…枢軸国　**Y**…連合国
(2) 例**ソ連と独ソ不可侵条約を結び，ポーランドに侵攻した**

(3) エ，カ　(4) できごと…ウ　ようす…c

解説 (1) 第二次世界大戦は，枢軸国(ドイツ・イタリア・日本など)と連合国(イギリス・フランス・アメリカ・ソ連など)との戦争であった。
(2) 第二次世界大戦直前に結ばれた**独ソ不可侵条約**は世界を驚かせた。
(3) 1940年に**日独伊三国同盟**が結ばれた。
(4) 生活物資が不足するようになり，配給制が始まった。また，戦争が長期化する中で，政府は，新聞や雑誌などのマスメディアを通じて，国民の戦意を高めようとした。

2 (1) ウ　(2) イ
(3) A…ソ連[ソビエト連邦]
　　B…アメリカ[アメリカ合衆国]
　　C…イギリス
(4) エ→ア→イ→ウ　(5) イ

解説 (1) aは1945年8月の広島への**原子爆弾**投下，bは1940年の日独伊三国同盟の締結，cは1941年の太平洋戦争の開始。
(2) **大政翼賛会**は，1940年に政党や政治団体を解散して結成された。アは明治時代，ウ・エは大正時代。
(3) Aとは1941年4月に**日ソ中立条約**を結んでいた。Bの**真珠湾**への奇襲が太平洋戦争の発端となった。Cは当時マレー半島を植民地としていた。
(4) アは1945年4月，イは1945年5月，ウは1945年7月，エは1943年9月。
(5) 多くの男性が戦場に送られ，労働力が不足するようになったために，女学生も働かされた。

p.106〜107　**標準問題の答え**

1 (1) ウ　(2) ウ→ア→イ　(3) イ
(4) ウ　(5) ポツダム宣言

解説 (1) アは冷戦，イは日露戦争，エは第一次世界大戦の対立関係。
(2) アは1929年の世界恐慌，イは1939年の第二次世界大戦開始，ウは1920年代のワシントン体制。
(3) 満州国は，現在の中国東北部にあたる。
(4) メディアの報道が政府により制限された。
(5) 資料の「無条件降伏」がキーワード。

2 (1) エ　(2) 動員
(3) 例 日中戦争が長引くにつれて，戦時体制が強まり，農村では人手や肥料が不足した

から。(39字)
(4) 配給制

解説 (1) 都市への空襲のため，**学童疎開**が始まった。
(2) 戦争末期には，これまで召集が免除されていた学生が**学徒出陣**で戦場へ送られた。また，中学生や女学生も勤労動員として工場などで働かされた。
(3) 日中戦争は，中国側の徹底抗戦によって，日本が予想していたよりも長期化した。このことによって，国民生活も不自由なものになっていった。
(4) 生活物資の不足から，米などが配給制となった。

3 (1) C→A→B
(2) 広島(市)→長崎(市)
(3) 1945(年)8(月)14(日)

解説 (1) Aは1945年4〜6月，Bは1945年8月，Cは1942年6月。
(2) 広島には1945年8月6日，長崎には8月9日に原爆が投下され，多くの人々が犠牲となった。
(3) ポツダム宣言を正式に受諾したことを連合国に通知したのは1945年8月14日。翌日の8月15日，天皇の肉声によるラジオ放送で，ポツダム宣言の受諾を国民に伝えた(玉音放送)。

p.108〜111　**実力アップ問題の答え**

1 (1) ① エ
　　② 例 原内閣は，大部分の閣僚が藩閥の出身ではなく，衆議院の第一党である立憲政友会の党員で占められた，本格的な政党内閣であった点で異なっていた。
(2) ア　(3) ウ

2 (1) 例 アメリカなどの大国が不参加だったから。
(2) 例 金属として軍需品の原料にするため。

3 (1) 例 ロシアに対する利害の一致を背景に，1902年に結んだ日英同盟(30字)
(2) Ⅰ…(非)暴力　Ⅱ…(不)服従
(3) Ⅰ…ヒトラー　Ⅱ…ア

4 (1) ウ
(2) ① 例 満25歳以上のすべての男子に選挙権があたえられた。
　　② ウ

27

(3) ① イ　② ソ連[ソビエト連邦]

(4) ワシントン会議

⑤ (1) 例 海軍の軍備を制限する。[日本が山東省(サントン)の権益を中国に返す。]

(2) ① イ　② ア

(3) 例 都市への空襲など，民間人を巻き込む攻撃が行われたから。

⑥ A…ウ　B…イ　C…大政翼賛会(たいせいよくさんかい)

解説 ①(1) ① シベリア出兵を見越した米商人が米を買い占めたため，米価が急騰(きゅうとう)し，それが原因で米騒動がおこった。

② 閣僚のうち，外務・陸軍・海軍大臣以外はすべて立憲政友会の党員で占められていた。

(2) アは1938年，イは1947年，ウは1925年，エは1873年に制定された。

(3) 8月6日に広島，8月9日に長崎に投下された。

②(1) アメリカは議会の反対で国際連盟に参加しなかった。また，ソ連は社会主義国のため当初は加盟を認められず，ドイツも第一次世界大戦の敗戦国として加盟できなかった。ソ連とドイツはのちに加盟を認められたが，アメリカは最後まで加盟しなかった。

(2) 軍需品の生産が最優先され，鍋や釜などが金属として供出させられた。また，労働力の不足により，中学生や女学生なども勤労動員の対象となった。

③(1) 日英同盟(にちえい)は1902年にイギリスとの間で結ばれた軍事同盟。第一次世界大戦に，日本は連合国側として参戦した。

(2)「非暴力・不服従」は，インドのガンディーが唱えた反英運動のスローガンである。

(3) ヒトラー率いるナチスは，ベルサイユ条約に対する国民の不満をあおり，ドイツ民族の優秀さを説き，ユダヤ人や共産主義者を攻撃対象とすることで，

国民の支持を得た。

④(2) ① 1925年に普通選挙法が制定され，有権者が約4倍に増えた。これは満25歳以上のすべての男子に選挙権があたえられたからである。② ウの本格的な政党内閣の実現は1918年。アは1870年代，イは1889年のことである。

(3) ① 国際連盟の脱退は1933年。② 1956年に日ソ共同宣言が発表されてソ連との国交が回復し，ソ連の賛成で国連加盟が実現した。

(4) 第一次世界大戦後の1921～22年にかけて，アメリカの呼びかけでワシントン会議が開かれ，海軍の軍備を制限した(ワシントン海軍軍縮条約)。

⑤(1) ワシントン会議では，四か国条約，ワシントン海軍軍縮条約，九か国条約が結ばれた。

(2) ① 日中戦争のきっかけとなった盧溝橋事件(ろこうきょう)(ルーコウチアオ)は北京郊外でおこった。② アは1925年，イは1940年，ウは1932年，エは1933年。

⑥ A…第二次世界大戦は，戦場とそれ以外の区別があいまいになり，都市への空襲など敵国民の戦意を失わせる戦術が採られた。中でも空襲では軍事施設などが位置する都市部がねらわれた。

6章 現代の日本と世界

⑮ 戦後復興と国際社会

p.114～115 基礎問題の答え

① (1) ① マッカーサー
② 極東国際軍事裁判(きょくとう)[東京裁判]　③ エ

(2) ① 自作農　② ア

(3) 例 女性に選挙権があたえられたから。

◀ 得点アップコーチ ▶ 第一次世界大戦と第二次世界大戦

	第一次世界大戦	第二次世界大戦
時　期	1914～18年	1939～45年
背　景	三国同盟と三国協商の対立	世界恐慌(きょうこう)後の枢軸国(すうじく)と連合国の対立
開　始	サラエボ事件	ドイツがポーランドに侵攻(しんこう)して英仏が宣戦
経　過	日本も日英同盟(にちえい)を理由に参戦。新兵器の使用…飛行機・潜水艦(せんすいかん)・毒ガス。総力戦	ドイツの快進撃(かいしんげき)→パリ占領(せんりょう)，独ソ戦→降伏。日本に原子爆弾(げんしばくだん)が投下され終結。
講和条約	ベルサイユ条約…ドイツに多額の賠償(ばいしょう)	サンフランシスコ平和条約…日本は主権回復

解説 (1)① アメリカの軍人で，対日戦を指揮した。
② この裁判で東条英機元首相ら7名が死刑となった。
③ 財閥は戦前の体制を支えていたとされた。
(2)① 農地改革の目的は，地主と小作人の封建的関係を解消し，自作農を増やすことにあった。② 教育基本法によって，義務教育が小・中学校の9年間とされ，男女共学とされた。
(3) 満20歳以上の男女に選挙権があたえられた。

2 (1) イ　(2)① エ　② 日米安全保障条約
(3) 例 国際連合への加盟。

解説 (1) 日本を資本主義陣営（西側）の一員にしようと考えていたアメリカが，非軍事化や民主化から経済重視へと，占領政策を転換していった。
(2)② 日本の防衛のために結ばれた。
(3) それまでは，常任理事国であるソ連が日本の加盟に対して拒否権を発動していた。

3 (1) ア　(2) 南北問題
解説 (1) アは鳩山一郎が正しい。
(2) 開発途上国は南側，先進国は北側にかたよっていることが多いため，こう呼ばれている。

---

p.116〜117　標準問題の答え

1 (1) 例 農地改革が行われ，自作農が増えた。
　　[農地改革が行われ，小作農が減った。]
(2) 例 女性に選挙権が認められた。

解説 (1) 農地改革の目的は自作農の増加だった。
(2) 1925年の普通選挙法の制定でも，女性には選挙権があたえられていなかった。

定期テスト対策

❶日本の民主化は，次の2つがよく出題される。
・農地改革…グラフをもとに，自作農・小作農の増減がよく問われる。目的も確認しておこう。
・選挙法の改正…女性の投票風景や女性議員の写真を資料として問われることが多い。

---

2 (1) ア
(2) 例 日本が主権[独立]を回復すること。
(3) ウ
(4) 例 安全保障理事会で拒否権を持つソ連が日本の国連加盟に反対していたため，国交回復で賛成してもらおうとした。

解説 (1) 朝鮮戦争が始まると，アメリカ軍が朝鮮へ出動したため，GHQは日本の治安を守るという理由で，警察予備隊の設置を認めた。のち保安隊を経て，1954年に自衛隊となった。
(2) それまで日本は連合国軍に占領されていた。
(3) サンフランシスコ平和条約調印と同日に，アメリカとの間に日米安全保障条約が結ばれた。
(4) 国連の安全保障理事会の常任理事国であるソ連との国交が回復したことにより，ソ連が日本の国連加盟に賛成したので，実現した。

3 (1) X…アメリカ合衆国
　　　Y…例 沖縄が返還された（8字）
(2) イ→ア→ウ

解説 (1) 1972年に沖縄が日本に返還されるまで，沖縄はアメリカの施政権下にあり，アメリカの法律などが適用されていた。
(2) アは1965年，イは1956年，ウは1972年のできごと。

4 (1) 朝鮮戦争
(2) 例 朝鮮戦争が始まるとアメリカ軍向けに日本で軍需製品を生産したため。

解説 (1)朝鮮半島は北緯38度線を境に南をアメリカ，北をソ連に占領された。
(2)朝鮮戦争が始まると，日本本土や沖縄のアメリカ軍基地が使用された。日本はアメリカ軍向けに大量の軍需物資を生産したため経済が好況になった。

5 (1) 例 ベルリンの壁がとりこわされた。
(2) 例 マルタ会談で冷戦が終結し，ソ連が解体した。

解説 (1) ドイツは，1949年に東西ドイツに分断され（西側を米・英・仏，東側をソ連に占領されていた），1961年には東西ベルリンの境界にベルリンの壁がつくられた。1989年のベルリンの壁崩壊により，ドイツの統一問題が浮上し，翌年統一が実現した。
(2) 1989年12月，地中海のマルタ島でアメリカのブッシュ（父）大統領とソ連のゴルバチョフ書記長の会談が行われ，冷戦の終結宣言が出された。また，その2年後の1991年，バルト3国が分離・独立し，残るロシアなどの共和国が独立国家共同体（CIS）を結成して，ソ連は解体した。

⓰ 今日の世界と日本

p.120〜121 **基礎問題の答え**

1 (1) ア　(2) ① 白黒テレビ
　　② 例 カラーテレビが普及したから。
　(3) 東海道
　(4) 例 工場の煙によって公害が発生した。
　(5) ウ

解説 (1) ラジオ放送が始まったのは1925年のことである。1953年には日本放送協会（ＮＨＫ）に次いで民間放送が始まり，1950年代中ごろに最盛期を迎えた。
(2) テレビ，洗濯機，冷蔵庫は「三種の神器」とよばれ，国民の暮らしを便利で快適なものに変えた。カラーテレビは1965年以降に普及率を高め，白黒テレビは1970年以降に普及率を下げている。
(3) 東京オリンピック・パラリンピックに合わせて交通整備が行われ，東京，名古屋，大阪の大都市間を結ぶ高速鉄道として東海道新幹線が開通した。東京—新大阪間を4時間で移動できるようになった。
(4) 四日市市では工場から排出される煙によって大量のぜんそく患者が発生した。これを四日市ぜんそくという。日本の高度経済成長期に発生した水俣病，新潟水俣病，イタイイタイ病，四日市ぜんそくを四大公害病という。
(5) 黒澤明は昭和時代の映画監督で，1950年に公開された「羅生門」はベネチア国際映画祭の金獅子賞を受賞した。

2 (1) イ　(2) ベルリンの壁
　(3) 例 若い世代の人口が減り，高齢者の人口が増えている。
　(4) アメリカ同時多発テロ

解説 (1) パレスチナにおけるユダヤ人国家イスラエルとアラブ系パレスチナ人およびアラブ諸国の間では，中東戦争とよばれる戦争がおこっていた。第四次中東戦争によってアラブ石油輸出国機構はイスラエル支援国に対する原油の販売停止や制限をするという石油戦略をとった。それにより石油価格が高騰し，日本では石油を使った製品が値上がりした。しかし，流言によって関係のない商品まで買い占められるなど，混乱が生じた。

(2) ドイツの首都であるベルリンには，1961年から1989年までベルリンの壁が存在し，ドイツ（ベルリン）を東西に隔てていた。冷戦の象徴であったベルリンの壁は1989年に市民によって取り壊され，東西ドイツは統一された。
(3) 日本では少子高齢化が進み，若い世代が減り，高齢化の割合が高くなっている。
(4) アメリカ同時多発テロを理由にアメリカはアフガニスタンを，2003年には大量破壊兵器を保有しているとしてイラクを攻撃した（イラク戦争）。

3 (1) ア　(2) 平和維持活動［ＰＫＯ］

解説 (1) アは1955（昭和30）年に起こったできごとである。これは冷戦下の世界において，インドのネルー首相などの提案によって開かれ，西側・東側のいずれにも属さない立場から平和共存を訴えたものである。

p.122〜123 **標準問題の答え**

1 (1) 例 便利な家庭電化製品が普及したことにより家事の時間が短縮され，女性の就業率が高くなった。
　(2) 例 子どもの割合が減り，高齢者の割合が増加した。
　(3) 例 都市部で第2次産業，第3次産業が発展し，農村部から都市部へ人口が移ったと考えられる。

解説 (1) 1960〜1980年代に普及した家庭電化製品によって，家事の時間が大幅に短縮された。家事の多くは女性の仕事であるとされていたため，女性の社会進出はなかなか進んでいなかったが，資料2からわかるように女性が家事から解放されたことにともない，女性の社会進出が進んだ。
(2) 女性の就業率が高くなったことや，晩婚化，価値観の多様化による未婚率の上昇，社会経済の悪化などを背景に，日本では少子化が問題となっている。
(3) 高度経済成長のもと，工業化が進み，サービス業が発展すると，農村部から都市部へ働き口を求める人が増え，都市部では過密などの問題もおこるようになった。逆に，農村部では過疎の問題がおこるようになった。

2 例 日本製品を多く輸入していたアメリカでは，国内の産業が大きな打撃を受け，不買運動が広まったから。

解説 1980年代以降，日本のアメリカへの輸出額は，アメリカからの輸入額を大幅に上回るようになり，**貿易摩擦**とよばれる対立が生まれた。

3 (1) A…アジア太平洋経済協力会議
[APEC]
B…ヨーロッパ連合[EU]
(2) イ
(3) 阪神・淡路大震災
(4) パリ協定
(5) バブル経済

解説 (2) イラクのクウェート侵攻をきっかけに，国際連合が多国籍軍を派遣し，イラクを空爆した。これにより**湾岸戦争**が始まった。
(3) 1995年1月17日，兵庫県南部にてマグニチュード7.3の大地震が発生した。
(4) 海面の上昇や農作物の不作などを引き起こす地球温暖化は世界の問題であるとされ，国際的な取り決めである**京都議定書**が採択された。京都議定書は2020年までの温暖化対策の目標を定めており，パリ協定では2020年以降の目標が定められた。
(5) 1980年代後半，輸出の拡大によって経済大国となった日本では，多くの企業が土地や株式を買い集めたため，地価や株価が異常に高騰し，**バブル景気**とよばれる好景気となった。

p.124～127　実力アップ問題の答え

1 (1) ① ウ　② 例日本は独立を回復した。
[日本は主権を回復した。] (2) ウ
2 (1) 資源…原油[石油]
戦争…第四次中東戦争
(2) 石油危機[オイルショック]
3 (1) ① C　② A
(2) ① ウ　② 平和主義
(3) ① 自衛隊　② 平和維持活動[PKO]
(4) B→C→A→D
4 (1) X…エ　Y…イ　(2) 財閥
(3) 例国が地主の土地を買い上げ，小作人に安く売り渡したから。
(4) 教育勅語
(5) マッカーサー
5 (1) エ　(2) キューバ

(3) Y…ヨーロッパ連合[EU]
Z…例ソ連が解体され，独立した東ヨーロッパの国々が加盟した
(4) マルタ会談　(5) ベルリンの壁

解説 **1** (1) ①樺太の南半分が領土となっているので，1905年のポーツマス条約での獲得地である。
②サンフランシスコ平和条約が締結されるまでは，間接統治ではあったがGHQによって占領されていたため，政治や経済が通常通りに動いているとはいえさまざまな規制があった。平和条約締結により，日本は正式に主権を回復し，1つの国家としての独立を回復することとなり，国際社会にも参加できるようになった。
2 (1)(2) 第四次中東戦争によって原油(石油)の価格が高騰し，経済成長に大きな打撃を与えた(石油危機)。
3 (1) ①朝鮮戦争の勃発により日本に駐留していたアメリカ軍が朝鮮半島に派遣されると，日本国内の治安を守ることを目的として**警察予備隊**が設置された。②の東海道新幹線は，東京オリンピック・パラリンピック開幕直前の1964年10月1日に開通した。
(2) ①ア…1946年11月3日に公布され，1947年5月3日に施行された。イ…大日本帝国憲法の説明。日本国憲法は国民が定める民定憲法である。エ…大日本帝国憲法の説明。日本国憲法における人権は，侵すことのできない永久の権利として認められている。
(3) ①警察予備隊は改編を経て，現在は**自衛隊**として活動している。
(4) Aは1964年，Bは1946年，Cは1950年，Dは1972年のできごとである。
4 (1) 1945年に初めて女性に選挙権が与えられた。また，1925年の改正において，初めて納税額の制限がなくされた。
(2) 戦前の日本では**財閥**が経済を支配しており，財閥の力が国家権力にもおよび，軍国主義に加勢したと考えられたため，解体された。
(3) **農地改革**によって，これまで地主が所有していた小作地を政府が強制的に買い上げ，小作人に安く売り渡した。そのため小作農が減り，多くの自作農が生まれた。
(4) **教育勅語**は忠君愛国の道徳や教育の基本方針を示しており，教育の柱とされた。
5 (1) 国際連合には，世界の平和と安全を維持する

機関として**安全保障理事会**が設けられている。安全
保障理事会の常任理事国は第二次世界大戦の戦勝国
であるアメリカ，イギリス，フランス，ソ連（ロシ
ア），中国の5国である。この5か国には**拒否権**が
あり，決議において1か国でも反対があった場合，
その事項は成立しないこととなる。

⑵ 1962年，ソ連によるキューバでのミサイル基地
建設にアメリカが対抗して，海上封鎖を行った。そ
れにより，2国の間で緊張が高まった。

⑶ ソ連が解体されると，ソ連の衛星国（大国の支配
または強い影響力を受けている小国）であった東
ヨーロッパの国々では民主化が進み，その多くが
ヨーロッパ連合（EU）に加盟した。

⑷ 地中海のマルタ島で会談を行い，冷戦の終結を
宣言した。